Georg Hildebrandt

gegenan gepredigt

Georg Hildebrandt

gegenan gepredigt

Predigtreihe IV Advent bis Ostern

Fromm Verlag

Impressum/Imprint (nur für Deutschland/ only for Germany)
Bibliografische Information der Deutschen Nationalbibliothek: Die Deutsche Nationalbibliothek verzeichnet diese Publikation in der Deutschen Nationalbibliografie; detaillierte bibliografische Daten sind im Internet über http://dnb.d-nb.de abrufbar.

Coverbild: www.ingimage.com

Contact:
International Book Market Service Ltd., 17 Rue Meldrum, Beau Bassin, 1713-01 Mauritius
Website: www.bookmarketservice.com
Email: info@bookmarketservice.com

Gedruckt in: USA, UK, Deutschland. Dieses Buch wurde nicht in Mauritius produziert.

Imprint (only for USA, GB)
Bibliographic information published by the Deutsche Nationalbibliothek: The Deutsche Nationalbibliothek lists this publication in the Deutsche Nationalbibliografie; detailed bibliographic data are available in the Internet at http://dnb.d-nb.de.

Cover image: www.ingimage.com

Contact:
International Book Market Service Ltd., 17 Rue Meldrum, Beau Bassin, 1713-01 Mauritius
Website: www.bookmarketservice.com
Email: info@bookmarketservice.com

Printed in: U.S.A., U.K., Germany. This book was not produced in Mauritius.

ISBN: 978-3-8416-0224-4

Inhaltsverzeichnis

Vorwort

Eigentlich sollte dieses Buch „Gegen den Strom“ heißen – aber der Titel ist ja schon mehrfach besetzt. „gegenan gepredigt“ trifft es allerdings fast noch genauer. Mir ist schon oft bescheinigt worden, dass mein Predigtstil nicht dem Mainstream entspricht. Genau das ist mein Programm, denn bekanntlich schwimmen nur die toten Fische mit dem Strom. Wer zur Quelle will, muss gegenan schwimmen.

- Gegen die weit verbreitete Perspektivlosigkeit, die sich erstmals in den 80-er-Jahren in dem Slogan „no future“ manifestierte, setze ich eine lebendige Hoffnung auf das Leben der kommenden Welt[1].

- Gegen soziale Ungerechtigkeit, wie sie nicht zuletzt mit der Gesetzgebung der Schröder-Regierung einherging, nehme ich das prophetische Amt der Kirche in Anspruch und stelle mich auf die Seite der Schwächsten Glieder der Gesellschaft.

- Gegen die verbreitete Angewohnheit, akademische Vorlesungen statt Predigten zu halten, habe ich mir angewöhnt, frei zu sprechen – in einer Sprache, die für jedermann verständlich sein sollte.

- Gegen die gerade in meiner evangelischen Kirche verbreitete Tendenz, die Welt rein rational zu erklären, setze ich auf einen manchmal kindlich-naiven Glauben, der auch das Herz und die Sinne anspricht.

---

[1] Einen ausführlichen Blick auf diese Zukunft habe ich in dem Band „Gottesland“ (ISBN 978-3-8416-0197-1) getan – meine ganz persönliche Utopie.

Die Predigten in diesem Band sind in meiner ersten Gemeinde entstanden. Lägerdorf ist ein in jeder Hinsicht außergewöhnlicher Ort. Mitten im ländlichen Raum wohnen dort Menschen, wie man sie sonst nur aus der Großstadt kennt: Nachkommen von Fabrikarbeitern und Unternehmern, die sich rund um die Zementindustrie angesiedelt haben. Auf engstem Raum leben Hausbesitzer und erschreckend viele Arbeitslose zusammen; gestandene Sozialdemokraten und junge Neonazis, überraschend kreative Menschen und solche mit einem außerordentlich geringen Bildungsstand.

Bei meinem Amtsantritt gab es neben der geprägten Frömmigkeit der Flüchtlinge aus dem Osten viele Gemeindeglieder, die einen eher charismatisch anmutenden Glauben offensiv vertraten. Die große Mehrheit der Gemeindeglieder stand aber in volkskirchlicher Tradition der Kirche eher gleichgültig gegenüber. In dieser Gemengelage habe ich es als meine Pflicht angesehen, mich allen Teilen der Bevölkerung verständlich zu machen und der hohen Verantwortung gerecht zu werden, die der Kirchengemeinde gerade im sozialen Bereich zugewiesen wurde.

Ich habe es spannend gefunden, Predigten aus meinem ersten Jahr und einem der letzten, die ich dort Dienst tat zu vergleichen[2]. Predigten, die ich frei gehalten habe und die deshalb bislang nur als Audiodateien vorlagen, habe ich mit einem Stern (*) gekennzeichnet. Leider kann ich heute nicht mehr nachvollziehen, ob sich eventuell wörtliche Zitate aus der Predigtliteratur eingeschlichen haben. Das gilt auch für die Fürbittengebete, die ich jeweils angefügt habe. Falls Sie eine solche Verletzung des Copyrights bemerken, bitte ich um Nachricht. Ebenso würde ich mich freuen, eine Resonanz auf diese Sammlung zu bekommen – sei es Widerspruch und Kritik oder lobender Ansporn[3].

Hamburg, im Herbst 2011

---

[2] Die beiden Jahrgänge der Predigtreihe IV, die dazwischen liegen, sind leider durch Computerabstürze und ähnliches verloren gegangen.

[3] Kontaktdaten finden Sie unter http://www.georg-hildebrandt.de.

1. Advent: Offenbarung 5,1-5

Was kommt auf uns zu?

Gehalten am 27. November 2005 in Lägerdorf*

Liebe Gemeinde,
„was kommt auf uns zu?“ – diese Frage vom letzten Sonntag, dem Ewigkeitssonntag, stellen wir uns eigentlich tagtäglich. Wir wüssten gern, was morgen passiert – am liebsten natürlich auch, welche Lottozahlen gezogen werden, bevor wir den Schein abgeben. Wir wüssten gern, was aus unseren Kindern wird, was aus der Welt einmal werden soll und fragen natürlich auch: „Was wird aus mir, wenn ich einmal nicht mehr da bin?“. Wir als Christinnen und Christen fragen natürlich auch, was Gott mit dieser Welt noch vorhat.

Da gibt es natürlich viele Arten und Weise, wie man das herauszufinden versuchen kann. Manche Leute schlagen morgens erst einmal die Zeitung auf und lesen ihr Horoskop. Aber – ob das denn wirklich in den Sternen steht, was aus uns einmal wird, da habe ich doch meine gewissen Zweifel.

Andere beobachten ganz genau ihre Welt und das, was in ihr passiert. Sie ziehen daraus ihre Schlüsse. So haben es zum Beispiel die Propheten des Alten Testamentes getan. Sie sind dadurch zu erstaunlich genauen Vorhersagen gekommen. „Wenn ihr so weitermacht“, sagten sie den Mächtigen im Staat, dann fahrt ihr gegen die Wand. Dann wird von eurer Stadt und eurem Staat nichts mehr übrig bleiben“.

Wir Christinnen und Christen orientieren uns bei dieser Frage, was kommt, natürlich zu allererst an der Bibel. In der Bibel gibt es ein ganzes Buch, das letzte Buch der Bibel, das heißt „Die Offenbarung“. Die Offenbarung des Johannes wird immer „das Buch mit den sieben Siegeln“ genannt – weil sie nämlich an einigen Stellen ganz schön schwer zu verstehen ist. Da braucht man jemanden, der erst einmal diese Siegel öffnet und einem das erklärt, was drin steht.

Aber warum die Offenbarung tatsächlich „das Buch mit den sieben Siegeln" heißt, das steht in ihr selber drin. Wir wollen heute ein kurzes Stück aus dem 5. Kapitel hören. In seinem Buch schildert der Prophet Johannes, wie er in einer Vision den Auferstandenen sieht. Von ihm wird er mitgenommen in den Himmel – so, wie man sich den Himmel damals vorstellte.

Johannes sieht den Himmel offen stehen uns sieht, wie es der damaligen Vorstellungswelt entsprach, Gott auf Seinem Thron sitzen: Ein würdiger, weiser, alter Mann mit einem weißen Bart. Um Ihn herum sitzt Sein himmlischer Hofstaat: 24 „Älteste" in weißen Gewändern. Und, - für uns natürlich keine so verlockende Vorstellung – sie mussten da den ganzen Tag lang Harfe spielen und Gott loben und Ihm zu Diensten sein. Einige von ihnen tragen auch Schalen mit den Gebeten der Menschen vor Gott.

Vor dem Thron stehen vier merkwürdige Wesen. Man nennt sie die „Seraphim" – eine Art von Engeln, die aber die Gestalt haben eines Menschen, eines Löwen, eines Stiers und eines Adlers. Später, im Christentum, wurden sie gleichgesetzt mit den vier Evangelisten: Matthäus, Markus, Lukas und Johannes. In der Offenbarung selbst sind sie aber noch, in der Tradition des Alten Testaments, mächtige Himmelswesen. Johannes schreibt voller Ehrfurcht:

> *Und ich sah auf der rechten Hand dessen, der auf dem Thron saß, eine Buchrolle; sie war innen und außen beschrieben und mit sieben Siegeln versiegelt. Und ich sah: Ein gewaltiger Engel rief mit lauter Stimme: Wer ist würdig, die Buchrolle zu öffnen und ihre Siegel zu lösen? Aber niemand im Himmel, auf der Erde und unter der Erde konnte das Buch öffnen und es lesen.*

Da weinte ich sehr, weil niemand für würdig befunden wurde, das Buch zu öffnen und es zu lesen. Da sagte einer von den Ältesten zu mir: Weine nicht! Gesiegt hat der Löwe aus dem Stamm Juda, der Spross aus der Wurzel Davids; er kann das Buch und seine sieben Siegel öffnen.

Was ist das für ein geheimnisvolles Buch, das der Engel da in der Hand hat? Worum geht es da in dem Buch mit den sieben Siegeln? Wenn man die Offenbarung weiterliest, stellt sich heraus: In diesem Buch steht drin, was am Ende der Tage geschehen wird: Wenn die sieben Siegel aufgebrochen und das Buch geöffnet wird, dann beginnt die letzte Zeit, die „Endzeit". Dann kommt unsere Welt an ihr Ziel. Es ist darin die Rede von großen Schrecken, die auf die Menschen zukommen. Die berühmten „apokalyptischen Reiter" reiten dort und bringen Krankheiten und Tod und Kriege, Zeichen der Vernichtung, über die Welt – bis schließlich das Böse besiegt ist und das Gute die Oberhand behält.

Niemand kann dieses Buch öffnen, das Buch mit den sieben Siegeln. Niemand weiß, was geschehen wird am Ende der Tage. Es ist zum Heulen – denn wir wüssten doch zu gern, was geschehen wird am Ende der Tage, und ob unsere Welt noch eine Chance hat oder nicht! Aber dann kommt in dieser großartigen Vision des Johannes Einer, der würdig ist, die sieben Siegel aufzubrechen: „Der Löwe aus dem Stamm Juda", heißt es da. Um wen handelt es sich dabei wohl? Wer mag das sein, dieser große, starke Löwe? Wer kann es wohl schaffen, dieses Buch zu öffnen?

Demnächst kommt ein Film in die Kinos: Der erste Teil von den „Chroniken von Narnia". In diesem Film und auch in den sechs Büchern von C.S. Lewis geht es um eine andere Welt: So ähnlich wie bei „Alice im Wunderland" gelangen Kinder durch einen Spiegel in das Zauberland „Narnia". Dort herrscht als König ein Löwe mit Namen Aslan. Viele der fundamentalistischen Christen in den Vereinigten Staaten setzen diesen Löwen gleich mit unserem Herrn Jesus Christus.

Wenn der Löwe brüllt, dann sind alle anderen Tiere still. Dann erzittert das ganze Weltall; und er ist der Herrscher: Ein mächtiger, starker König. Der macht schon was her, so ein Löwe. Aber wenn wir weiterlesen in dem Buch mit den sieben Siegeln, dann erfahren wir: Dieser Löwe aus dem Stamm Juda ist in Wirklichkeit ein Lamm, das Lamm Gottes.

Jesus, der damals im Stall von Bethlehem zur Welt gekommen ist als ein winzig kleines Kind, der ist nicht so dahergekommen wie die mächtigen Könige der Welt: Nicht mit großem Geschrei, und mit Hofstaat und Soldaten und mit großer Macht und Herrlichkeit, sondern so, wie auch diese beiden Kinder, die wir heute getauft haben: Als ein schwaches, wehrloses, machtloses Kind.

Sein Leben lang wird er nicht Macht über andere ausüben wollen. Er hat nicht gewollt, dass die Leute ihn zum König machen, dass sie ihn auf einen Thron setzen und verehren wie einen Gott. Was Jesus wollte war, dass die Menschen in Frieden leben können; dass einer den anderen so annimmt, wie er oder sie nun einmal ist; dass niemand außen vor bleibt; dass alle Menschen satt werden, ein Dach über dem Kopf haben und eine Zukunft, auf die sie sich freuen können.

Dafür ist er gestorben. Dafür hat er sogar den schändlichen Tod auf sich genommen: Wie ein Verbrecher am Kreuz der römischen Besatzer. Er wurde geschlachtet wie ein Lamm bei den Opfern, die zu seinen Lebzeiten noch im Tempel von Jerusalem dargebracht wurden. Er hat sich ergeben; sich der Macht der herrschenden Militärmaschinerie unterworfen. Damit ist er den Tod gestorben, den bis heute so unzählig viele Menschen erleiden müssen: Den Tod der Gewalt, den andere über ihre Mitmenschen ausüben wollen.

Kein Löwe, kein brüllender, mächtiger Herrscher, kein größter Feldherr aller Zeiten, sondern ein schwaches, hilfloses Kind: Er kann die sieben Siegel öffnen. Er weiß es, was auf uns zukommt. Er hat den Schlüssel dazu in der Hand. Ein Stück weiter in der Offenbarung heißt es: Alle, die zu ihm gehören, die auf seinen Namen getauft sind, sind „ein Volk von Priestern und Königen". Ihr beide gehört jetzt auch mit zu diesem Jesus. Je mehr Menschen zu ihm kommen und an ihn glauben, desto mächtiger wird er. Und wenn wir alle den Weg gehen, den Jesus uns vorangegangen ist, den Weg der Liebe und der Gewaltlosigkeit und der Gerechtigkeit für alle, dann kommt das Ende der Welt vielleicht viel schneller, als wir immer denken – und ganz anders, als es zu befürchten ist.

Dann gibt es vielleicht gar keine Kriege mehr, keine Katastrophen, keinen Aufstand, sondern wir werden aufwachen eines Morgens, und die ganze Welt ist neu. Alle Menschen können sicher und in Frieden leben, wenn dieser König einmal herrscht: Der Löwe aus dem Stamm Juda, das Kind aus dem Spross des Königs David, „die süße Wurzel Jesse", wie es im Adventslied heißt. Amen.

Fürbitten

Großer Gott,
Du hast das Lamm,
das die ganze Sünde der Welt trägt,
zum Löwen gemacht.
Das Kind, das im Stall geboren wurde,
ist zum Herrscher über alle Welt geworden.
Und wir sind ein Volk von Priestern und Königen,
weil wir auf seinen Namen getauft wurden.

Das alles vergessen wir so leicht, lieber Gott,
wenn die Welt mit Macht in die falsche Richtung läuft.
Dann fühlen wir uns machtlos; ratlos; hilflos.

Daher bitten wir Dich:

Gib Du uns neue Glaubensstärke: Selbstbewusstsein; Mut und Gottvertrauen.

Wie Könige lass uns souverän
unsere eigenen Entscheidungen treffen
und Verantwortung übernehmen
für unseren Staat und das Gemeinwesen.

Wie Priester lass uns verkünden,
was Jesus für uns getan hat
und was er noch tun wird,
bis die Welt in ihrer heutigen Gestalt vergeht.

hier ist Platz für persönliche Fürbitten;
z.B. für die getauften Kinder

Gemeinsam beten wir die neue Welt,
die Jesus uns verkündigt hat,
mit den Worten, die wir von ihm gelernt haben:...

2. Advent: Jesaja 63 + 64 i.A.

Wo bleibst Du, Trost der ganzen Welt?

Gehalten am 4. Dezember 2005 in Lägerdorf*

„Wo bleibst du, Trost der ganzen Welt?4 - Liebe Gemeinde,
ist das nicht ganz schön dreist, was der da gedichtet hat, der Friedrich Spee, im Jahre 1622. In heutigen Slang übersetzt hört sich das in etwa so an: „Wo bleibst du? Lass dich endlich mal blicken! Ey, Alter, was is‘? Komm runter und tröste uns! Mach mal Dein‘ Job!

Siehst Du nicht, was hier unten los ist? Siehst Du nicht den Jungen, der im Bahnhof von Rio de Janeiro in einem Schließfach wohnt und nicht weiß, woher er ein Dach über dem Kopf herkriegen soll – jemals in seinem ganzen Leben? Siehst Du nicht die Mutter im Flüchtlingslager im Sudan, die nicht weiß, wie sie ihr Kind satt kriegen soll, das an ihrer schlaffen Brust hängt und vergeblich versucht, noch einen Tropfen Milch herauszusaugen? Siehst Du nicht die Menschen im Irak, in London, in Belfast, die Angst haben, auf die Straße zu gehen, weil jeden Augenblick neben ihnen eine Bombe hochgehen könnte? Siehst Du nicht, was hier los ist, Gott? Komm endlich runter und mach was!“.

Verglichen mit den Sorgen und Nöten, die ich gerade eben benannt habe, sind unsere eigenen Nöte eher gering: „Wie bekomme ich neues Guthaben auf meine Handy-Karte?“ – „Kann ich mir zu Weihnachten vielleicht endlich einmal meinen Herzenswunsch erfüllen?“ – „Bekomme ich endlich mal vernünftige Klamotten, mit denen ich mich endlich einmal sehen lassen kann, ohne dass die anderen mich auslachen?“ –

[4] Zuvor wurde das Lied Nr. 7 gesungen.

Schlimmer schon: „Wovon soll ich meine Medikamente bezahlen, wenn bei den Kassen so viel gestrichen wird?“ – Nach drei Tagen wird man aus dem Krankenhaus schon wieder entlassen, nach einer OP, und kann sehen, wo man bleibt!“ – Das ist schon eigenartig, was mit unserem Sozialstaat passiert: Bei den Armen wird gespart, aber die Reichen werden immer reicher.

Es sind kleine, geringe Sorgen, verglichen mit denen, die noch vor sechzig Jahren die Menschen hier im Land hatten. Klar: Es geht uns nicht mehr so gut wie vor dreißig Jahren, aber alles ist eben relativ. Als der Prophet Jesaja[5] lebte, da hatten die Menschen wieder ganz andere Sorgen. Da war die Stadt Jerusalem gerade wieder einmal, das xte Mal in ihrer Geschichte, zerstört worden. Der Tempel, den Salomo für Gott erbaut hatte, das größte Gotteshaus der Welt, lag in Schutt und Trümmern. Die Menschen, die da wohnten und die einigermaßen bis „drei“ zählen konnten, waren verschleppt worden, nach Babylon.

Sie waren fern von Gott, jedenfalls fühlten sie sich so. Denn Gott hatte doch im Tempel gewohnt, weit weg von hier, wo sie Sklavenarbeit zu verrichten hatten. Aber dabei ging es ihnen noch gut: Sie hatten alle ein Dach über dem Kopf, sie hatten alle zu Essen, sie hatten es warm dort und sie hatten ein Auskommen. Sie wurden nicht vertrieben, so wie Flüchtlinge, die es heute wagen, die Grenzen der reichen Länder zu überschreiten.

---

[5] Genau genommen handelt es sich natürlich um den dritten Propheten, der im Jesaja-Buch zu Wort kommt. Der exakte theologische Zusammenhang ist aber für den Fortgang der Predigt nicht wichtig.

Trotzdem waren sie natürlich nicht zufrieden mit diesem Leben. Sie wollten nicht für immer in Flüchtlingslagern leben müssen. Und auch wenn sie das Gefühl hatten, dass Gott weit weg von ihnen sei, sind sie Ihm auf die Füße gestiegen. Sie haben Ihm ihr Leid geklagt – ähnlich, wie wir es in dem Lied zu Anfang gehört haben. „Jesaja“ hat eine dieser Klagen aufgeschrieben. Sie steht im 63. und 64. Kapitel des Prophetenbuches.

Blick vom Himmel herab und sieh her von deiner heiligen, herrlichen Wohnung! Wo ist dein leidenschaftlicher Eifer und deine Macht, dein großes Mitleid und dein Erbarmen? Halte dich nicht von uns fern! Du bist doch unser Vater; denn Abraham weiß nichts von uns, Israel will uns nicht kennen. Du, Herr, bist unser Vater, «Unser Erlöser von jeher» wirst du genannt.
Warum lässt du uns, Herr, von deinen Wegen abirren und machst unser Herz hart, sodass wir dich nicht mehr fürchten? Kehre zurück um deiner Knechte willen, um der Stämme willen, die dein Eigentum sind. Erst vor kurzem haben unsere Feinde dein heiliges Volk vertrieben; dein Heiligtum haben sie zertreten. Uns geht es, als wärest du nie unser Herrscher gewesen, als wären wir nicht nach deinem Namen benannt. Reiß doch den Himmel auf und komm herab, sodass die Berge zittern vor dir.
Komm wie ein Feuer, das Reisig entzündet, wie ein Feuer, das Wasser zum Sieden bringt. Mach deinen Feinden deinen Namen bekannt, sodass die Völker zittern vor dir, wenn du schreckliche und nie erwartete Taten vollbringst. Komm herab, sodass die Berge zittern vor dir. Seit Menschengedenken hat man noch nie vernommen, kein Ohr hat gehört, kein Auge gesehen, dass es einen Gott gibt außer dir, der denen Gutes tut, die auf ihn hoffen.

Da waren sie gerade eben mal ein paar Jahre aus ihrer Heimat vertrieben – und schon wollten sie von Gott nichts mehr wissen: „Gott, der war da, wo wir gewohnt haben, in Jerusalem, auf dem heiligen Berg Zion – aber doch nicht hier, in der Fremde! Hier, wo die Menschen andere Götter anbeten: Den Mammon zum Beispiel, oder den Moloch. Die ganzen alten Götter, die hier wohnen, die verlangen Opfer: Menschenopfer. Aber wir sind doch nach Deinem Namen genannt, wir sind Dein Volk, Du hast uns doch auserwählt aus allen anderen Völkern!"

Auch wir sind nach Gottes Namen genannt. Wir sind getauft auf den Namen von Jesus Christus. Deswegen heißen wir Christen. Aber was es bedeutet, Christ zu sein, das haben wir schon längst wieder vergessen. Wir sind heute, genau wie damals das Volk in der Babylonischen Gefangenschaft, ganz weit weg von Gott.

Und klagen. Und sagen: „uns geht's nicht mehr gut. Wir brauchen Trost. Wir sind nicht mehr ganz bei Trost. Wir brauchen Hilfe!" – Und von wem? – „Am liebsten von einem starken Mann!" Der Bundeskanzlerin traut man das nicht zu: Die ist ja „nur" eine Frau. „Frauen sind ja schwach, die kriegen das nicht hin. Nein, wir müssen endlich mal wieder einen haben, der durchgreift, der entscheidungskräftig ist, der alle diese kleinlichen, demokratischen Bedenken vom Tisch wischt; endlich mal wieder dafür sorgt, dass es bergauf geht mit unserem Land. Egal, was es kostet, das spielt doch gar keine Rolle. Hauptsache, uns geht's gut!"

So reden viele Menschen heute wieder, leider auch viele Christinnen und Christen. Sie haben ganz vergessen, dass Gott uns einen Helfer gesandt hat. Er heißt Jesus Christus. Und wir haben ganz vergessen, was er für uns getan hat. Denn Gott hat ja die Bitten Seines Volkes erhört. Er ist ja vom Himmel herab gekommen. Er hat den Himmel aufgerissen!

„Das Himmelreich ist nahe“, sagt Jesus. Es steht vor der Tür. Der Himmel ist offen! Wir brauchen nur noch hineinzugehen. Wir brauchen nur das zu tun, was Jesus gesagt hat: Einer für den anderen da sein; nicht jammern und klagen, sondern die Ärmel hochkrempeln und denen helfen, die in Not sind; von unserem großen Reichtum, den wir immer noch besitzen, denen abgeben, die nichts haben.

Aber eigentlich brauchen wir gar nichts zu tun. Wir brauchen uns nur finden zu lassen von dem Gott, der die Liebe ist. Nur haben wir leider aufgehört zu suchen. Und wenn wir Ihn suchen, dann suchen wir an der falschen Stelle. Wir suchen Ihn irgendwo, da oben, über den Wolken; denken, von da kommt uns Hilfe. Nein! Die Hilfe ist schon längst da! Sie ist zur Welt gekommen; ist in die Welt gekommen in einem schäbigen Stall, wo Ochs und Esel sich gute Nacht sagen.

Ein kleines Kind, ein Baby: Bei ihm findet ihr Trost, jederzeit. Wenn ihr sie nur annehmen würdet, die Hilfe; wenn wir uns nur endlich wieder erinnern würden, warum wir Christen heißen, warum wir eigentlich hier sind. Wenn wir dieses Kind ansehen, das im Stall von Bethlehem geboren wurde, wenn wir auf seine Worte hören, die er als Erwachsener gesprochen hat und so leben, wie er es uns vorgelebt hat, dann werden wir Dinge erleben, die kein Ohr je gehört hat, kein Auge je gesehen. Dann werden wir uns nur noch wundern, was Gott für große Dinge tut.

Er kommt nicht wie die großen Feldherren aller Zeiten mit Heeren und Soldaten und mit großer Macht, sondern heimlich, still und leise: „Still und unerkannt“ steht er uns zur Seite, geht mit uns durch unser ganzes Leben – wenn wir ihn denn lassen. Wenn wir ihn denn kommen lassen, den Trost der ganzen Welt. Amen.

Fürbitten

Großer, geheimnisvoller Gott,
blick vom Himmel herab und sieh her

von deiner heiligen, herrlichen Wohnung!
Reiß doch den Himmel auf und komm herab,
damit wir Frieden finden!

Wir brauchen nicht den großen Theaterdonner,
den die Menschen früher
mit Deinem Kommen verbunden haben:
Kein Erdbeben, nicht Feuer und Schwefel vom Himmel,
keine großen Schlachten.
Komm so, wie Du schon einmal gekommen bist:
Heimlich, still und unerkannt;
ohne Macht und großartiges Gehabe –
aber den Menschen nah
und überschäumend voll von Liebe.

Kein Ohr hat gehört, kein Auge gesehen,
dass es einen Gott gibt außer dir,
der denen Gutes tut, die auf ihn hoffen.
Daher bitten wir Dich:
Bring unsere Welt in Ordnung
mit Deiner großen Kraft der Liebe.
Lass Himmel und Erde
nicht wieder neu auseinander driften,
sondern mach ein für allemal sichtbar,
dass der Unterschied überwunden ist
und es kein „oben“ und „unten“ mehr gibt.

Das bitten wir im Namen Deines Sohnes Jesus Christus,
der das schon einmal für uns getan hat
und seitdem mit Dir vereint ist durch den Heiligen Geist.

3. Advent: Römer 15,5+13

Nehmt einander an!

Gehalten am 11. Dezember 2005 in Lägerdorf*

Liebe Gemeinde,
„Advent“ – was ist das eigentlich? Wir feiern das ja jedes Jahr: Stecken die Kerzen an auf dem Adventskranz; überall die schönen Tannenzweige, Spekulatius und Marzipankartoffeln – aber was bedeutet das eigentlich: Advent?

„Erwartung“ – frohe Erwartung, das ist Advent. Die Kinder spitzen schon immer die Ohren und warten auf Hinweise darauf, wo wohl die Geschenke versteckt worden sind. Auf dem Weihnachtsmarkt trinken wir Glühwein; Bratäpfel gibt es überall, Zuhause steigt der Geruch von den Plätzchen in die Nase. Es ist eine Zeit voller Geheimnisse – und vieler kleiner Lichter, die in der Dunkelheit angesteckt werden.

Aber – brauchen wir die eigentlich? Worauf warten wir denn? Auf das Weihnachtsfest? Auf die Gans, oder den Karpfen, die da auf den Tisch kommen? Die vielen Geschenke? – Und dann ist alles wieder vorbei! Wenn das alles wäre, wenn nur das Advent und Weihnachten wäre, dann könnten wir es getrost vergessen. Dann bräuchten wir es, zumindest hier in der Kirche, nicht zu feiern.

Der Apostel Paulus kannte keine Adventszeit; und auch Weihnachten hat er bestimmt noch nicht gefeiert. Als er lebte, gab es kein Kirchenjahr. Genau genommen gab es da noch nicht einmal so etwas wie eine organisierte christliche Kirche. Es gab verschiedene Gemeinden, von denen er einen großen Teil selbst gegründet hatte; aber die Kirche, im heutigen Sinne, die gab es noch nicht.

Trotzdem hätte Paulus ganz sicher mit diesem Wort „Advent“ etwas anfangen können. Advent, das heißt ja auf Deutsch „Ankunft“. Und „ja“, hätte er gesagt, ganz sicher: „Wir warten auf die Ankunft unseres Herrn“. Als er noch frommer Jude war und die Christinnen und Christen verfolgt hat, da hat er gewartet auf die Ankunft des „Messias“, des großen Königs, der einst verheißen worden ist.

Der Prophet Nathan hatte König David geweissagt, dass eines Tages jemand auf seinem Thron sitzen würde, dessen Herrschaft kein Ende hat und der für alle Zeiten gut und gerecht regieren wird. David selbst hat das nicht so gut hingekriegt – aber sein Nachfolger, der hätte das schaffen sollen. Und auf den warten die Juden bis heute noch.

Als Paulus dann Christ geworden ist, hat er erkannt: „Dieser Messias, auf den wir warten, dieser große, mächtige König, der ist schon längst gekommen“. Er ist schon da. Als kleines Kind, geboren in einer Krippe6; als normaler Mensch gelebt, bis er von Gott erfahren hat, was seine Bestimmung ist. Dieser Bestimmung ist er dann gefolgt, bis zum Tod am Kreuz.

Seitdem warten wir Christinnen und Christen darauf, dass er wiederkommt – „*zu richten die Lebenden und die Toten*“. Auf Deutsch: Dass er die ganze Welt wieder in Ordnung bringt; dass endlich Frieden ist, dass alle Menschen gerechten Lohn bekommen für ihre Arbeit; dass niemand in Armut leben muss und dass alle satt zu essen haben und ein Dach über dem Kopf.

[6] Die Weihnachtsgeschichte hat Paulus wohl nicht gekannt. Aber heute gehört ihre Kenntnis zum Verständnis der Adventszeit dazu.

Um weniger als das ging es ihm nicht. Nur, das Dumme ist: Bis heute ist das nicht erreicht. Bis heute haben wir das nicht geschafft. Bis heute warten wir auf die Ankunft des Herrn. Auch Paulus hat das lange Zeit getan. Er hat darauf spekuliert[7], dass Jesus noch zu seinen Lebzeiten wiederkommen würde. „*Viele von euch werden nicht sterben, bis ihr den Menschensohn kommen seht*", hatte Jesus versprochen. Und? Was war? – Nichts war! Wir warten scheinbar vergeblich.

Bis dann Paulus begriffen hat, dass Jesus doch schon längst wieder da ist! Er ist doch nicht nur gestorben; er ist doch auch auferstanden! Er lebt doch! Er lebt da, wo Menschen auf seinen Namen getauft sind; wo wir als seine Gemeinde zusammenkommen. Wir alle, wir sind sein Leib; der Leib des Auferstandenen. Das hat Paulus in mehreren seiner Briefe ganz ausführlich begründet. Wir sind die Hände von Christus, und seine Beine, seine Augen und Ohren; wir sind sein Leib. Warum, so frage ich mich oft, warum ist davon so wenig zu sehen? Warum klappt das nicht mit der Ankunft des Herrn; mit dem Anbruch des Gottesreiches?

Wie kann das klappen – wenn ein Leib mit sich selbst im Unreinen ist? Wenn ein Glied sich gegen das andere erhebt? Wenn einer dem anderen nicht die Butter aufs Brot gönnt; wenn wir uns immer wieder zanken und streiten? Wenn die einen sagen, die regelmäßig zur Kirche kommen: „Der oder die könnte sich doch längst mal wieder sehen lassen hier". Wir sitzen hier und feiern Advent; aber anstatt uns mal richtig zu freuen, dass wir hier beisammen sind und überhaupt feiern können, fragt doch glatt wieder jemand: „Wo bleibt denn der oder die?".

[7] daher kommt übrigens der Begriff „Spekulatius"

Und die anderen trauen sich oft gar nicht mehr, hierher zu kommen, in die Kirche. Wenn wir zum Beispiel mal eine Bibelstunde anbieten wollen, dann sagen Viele: „Oh, da geh aber lieber doch nicht hin! Ich lese ja nun nicht jeden Tag in der Bibel; ich bin gar nicht so fromm wie all die andern; und ich weiß doch gar nicht, was ich denn dazu sagen soll". Die haben regelrecht Manschetten davor, dass sie dann, wenn sie kommen, von denen ausgelacht werden, die sich angeblich so gut auskennen und dass sie nicht für voll genommen werden.

Das kann man endlos fortsetzen. Da ist dann jemand dabei, der oder die ist anders als die andern, spricht anders, bewegt sich anders, benimmt sich anders. Mit solchen Leuten wollen wir doch lieber nichts zu tun haben! Oder da kommt jemand an die Tür und hält die Hand auf. Auch ein guter Christ; vielleicht nur unschuldig in Not geraten. Aber geben können wir dem natürlich nichts. Nein, nein: Wo kämen wir denn da hin?

Wir sind uns untereinander nicht einig. In den großen Kriegen des vergangenen Jahrhunderts haben Christen auf Christen geschossen. Dass sie einmal, im ersten Weltkrieg, zusammen mit dem Feind Weihnachten gefeiert haben, das war eine große Ausnahme. Darüber wurde gerade ein Film gezeigt in den Kinos. Aber gleich danach haben sie sich wieder gegenseitig totgeschossen.

Das darf nicht sein unter Christen! Das geht gar nicht. Wenn wir uns nicht einig sind; und wenn wir nicht lernen, den anderen so anzunehmen, wie er oder sie nun einmal ist, dann kann das nichts werden mit der Ankunft, mit dem Advent von Christus. Dann können wir das ganze Grünzeug und die Kerzen und das Lametta vergessen – weil wir vergessen haben, worauf wir eigentlich warten; was eigentlich Sache ist im Advent.

Ein kleiner Trost: Das war noch nie anders! Das war auch nicht anders in den Gemeinden, die Paulus gegründet hat. In seinem Brief an die Römer zum Beispiel, da lesen wir, wie sich vor allem zwei Gruppen in der römischen Gemeinde immer wieder in die Haare gekriegt haben. Da gab es die einen, die als Juden geboren worden waren und als Kinder gelernt hatten, all die Gesetze und Gebote im Alten Testament ganz streng zu befolgen. Die haben sich dann nachher taufen lassen und sind Christinnen und Christen geworden und lebten dann in Rom zusammen mit anderen Christen, die keine Juden von Geburt waren.

Dann haben die „Judenchristen" gesagt: „Wenn ihr wirklich gute Christen sein wollt, dann müsst ihr aber vorher Juden werden und die Gebote befolgen, die Mose uns gegeben hat! Sonst kann das nicht funktionieren!" Man(n) stelle sich das mal vor: Wenn Du Jude werden wolltest, wäre das zunächst einmal mit Schmerz verbunden. Wir Männer müssten uns nämlich beschneiden lassen. Die Frauen müssten darauf achten, dass sie ihre Küche koscher halten. Die brauchen zwei Kühlschränke, weil nicht Milchiges mit Fleischlichem zusammen liegen darf. Das Leben wäre für uns deutlich weniger einfach, wenn wir damals uns darauf geeinigt hätten, dass man nur Christ sein darf, wenn man vorher Jude geworden ist.

Und die anderen, die so genannten „Heidenchristen8", die haben gesagt: „Nein, Christus hat uns doch frei gemacht – frei vom Gesetz; frei, das zu tun, was wir für richtig halten. Wir sollen doch nicht unsere ganze Tradition vergessen, nicht unsere eigene Wesensart ablegen, wenn wir getauft werden! Ein neuer Mensch zu sein, das bedeutet doch nicht, alte Gesetze einzuhalten, sondern das heißt doch, einen neuen Weg zu gehen, anders zu werden!".

---

[8] Das Wort „Heiden" ist im Hebräischen die Bezeichnung für alle anderen „Völker" und damit auch für solche, Menschen, die nicht aus dem Volk Gottes stammen und ursprünglich andere Götter angebetet haben.

Die beiden Gruppen konnten sich partout nicht einigen. Paulus hat ihnen deshalb einige sehr deutliche Worte ins Stammbuch geschrieben – oder vielmehr in den Römerbrief – und erst am Ende wird er dann wieder etwas versöhnlicher. Im 15. Kapitel schreibt er:

> *Der Gott der Geduld und des Trostes schenke euch die Einmütigkeit, die Christus Jesus entspricht, damit ihr Gott, den Vater unseres Herrn Jesus Christus, einträchtig und mit einem Munde preist. Darum nehmt einander an, wie auch Christus uns angenommen hat, zur Ehre Gottes. Der Gott der Hoffnung aber erfülle euch mit aller Freude und mit allem Frieden im Glauben, damit ihr reich werdet an Hoffnung in der Kraft des Heiligen Geistes*

„*Nehmt einander an* – so, wie Christus euch angenommen hat“. Nun stell dir mal vor, da sitzt jemand – vielleicht sogar hier im Raum, oder woanders – den kannst du überhaupt nicht ausstehen. Stell dir diesen Menschen einmal vor: Jemanden, der dir so auf den Geist geht, dass du ihm am liebsten weit aus dem Wege gehen würdest. Frag dich mal: „Was stört mich eigentlich so an diesem Menschen? Warum geht der mir so auf die Nerven? Warum kann ich diesen einen, besonderen Menschen nicht ausstehen?“

Dann frag dich mal, ob es nicht auch an dir selbst etwas gibt, das du nicht ausstehen kannst: „Gibt es etwas, worüber ich mich jeden Morgen ärgere? Etwas, das ich jeden Tag falsch mache? Etwas, womit ich vielleicht anderen auf den Wecker gehe? Gibt es irgendeine dumme Eigenschaft, die ich selbst an mir nicht mag?“. Und dann überlege dir mal, was es heißt, dass Christus „ja“ sagt zu dir; dass er dich, so wie du bist, mit all deinen Macken und den Dingen, die dich selber stören an dir, annimmt - und dass Gott zu dir sagt: „Du bist mein Kind. Du darfst meinen Namen tragen, darfst dich ‚Christ‘ nennen oder ‚Christin‘ – weil ich für dich gestoben bin; weil ich den Kopf hingehalten habe; weil ich will, dass ihr alle eine große Familie seid, Schwestern und Brüder von Jesus Christus“.

Klar: Schwestern und Brüder kriegen sich auch mal in die Wolle. Das ist normal. Das bleibt gar nicht aus. Bei euch zu Hause gibt es sicher auch hin und wieder mal Ärger. Aber ihr vertragt euch wieder! Ihr gehört zusammen, weil ihr eine Familie seid – so, wie wir als Christinnen und Christen eine Familie sind, weil wir zusammengehören, weil Gott uns annimmt als Seine Kinder.

Wenn Er uns alle, mit all unseren Macken, all unseren Schwächen und Fehlern ins Herz geschlossen hat und sagt: „Ihr gehört zu mir“, dann überleg dir noch mal, wie das ist mit dem Menschen, den du so gar nicht ausstehen kannst. Haben dich vielleicht manche der Dinge, die dich so stören, deshalb so geärgert, weil es dieselben Unarten sind, die du auch hast? Und wenn Christus dich annimmt, so, wie du bist, warum solltest du dann nicht auch mit diesem anderen Menschen Frieden schließen; ihm die Hand reichen?

Das fällt uns schwer – gerade dann, wenn man sich so fürchterlich in den Haaren gehabt hat. Aber es geht. Es funktioniert! Das kriegen wir hin. Und, liebe Gemeinde, ich glaube, wenn wir uns da wirklich etwas mehr Mühe geben, immer mehr aufeinander zugehen, immer mehr Menschen in unsere Mitte und in unser Herz hinein nehmen – dann wird's auch was mit dem Advent. Ich glaube, dass dann sichtbar wird, dass unser Herr kommt – ja, dass er schon längst da ist. Amen.

Fürbitten

Lieber Gott,

Du hast Dich unser angenommen,
als Du zur Welt gekommen bist –
in der Gestalt unseres Bruders und Herrn Jesus Christus.

Er hat alle Menschen ohne Vorbehalt geliebt –
auch diejenigen, die ihm das Leben schwer gemacht
und ihn ans Kreuz gebracht haben:
Die frommen Pharisäer und die Schriftgelehrten.

So, wie er es vorgemacht hat,
sollen wir uns einander annehmen.
Das fällt uns nicht leicht, lieber Gott:
Religiöse Fanatiker machen auch heute noch
sich und anderen das Leben schwer;
und für sie selbst ist es nicht leicht zu ertragen,
dass andere weniger fromm sind.

Dein Abgesandter Paulus
hat uns immer wieder daran erinnert,
dass niemand dem anderen etwas voraus hat
und dass Du alle Deine Menschen liebst und brauchst.
Wir danken Dir,
dass Du uns durch ihn den Kopf zurecht gesetzt hast
und bitten Dich, dass wir lernen,
in Zukunft freundlicher zu sein –
zu unseren Mitchristen aus aller Welt,
aber auch zu den Menschen,
die wir „Heiden" nennen,
weil sie Dich unter anderen Namen kennen.
Gemeinsam beten wir für die neue Welt,
in der die Liebe wohnt,
wie wir es von Jesus gelernt haben:

4. Advent: 2. Korinther 1,18-22

Ja und Amen oder nein und Halleluja?

Ansprache im Weihnachtskonzert der Chorfreunde Lägerdorf

am 18. Dezember 2005 in Lägerdorf*

Jesus Christus, der Sohn Gottes, war nicht Ja und Nein zugleich. In ihm ist das reine Ja Wirklichkeit geworden. Mit ihm sagt Gott Ja zu allen seinen Zusagen. Von ihm gedrängt und ermächtigt sprechen wir darum auch das Amen zur Ehre Gottes.

Gott hat uns zusammen mit euch auf diesen festen Grund gestellt: auf Christus. Er hat uns gesalbt und uns sein Siegel aufgedrückt. Er hat seinen Geist in unser Herz gegeben als Anzahlung auf das ewige Leben, das er uns schenken will.

Liebe Gemeinde,
ich weiß nicht, wie es Ihnen eben gegangen ist beim Hören; aber selbst beim zweiten oder dritten Durchlesen hatte ich Schwierigkeiten, Paulus zu folgen. Der hat so eine Art, dass er sich manchmal etwas kompliziert ausdrückt, wenn er einfache Dinge sagen will. Aber glaube, die beiden Worte, die bei Ihnen hängengeblieben sind, werden dieselben sein wie bei mir: „Ja“ und „Amen“. Typisch Kirche, nicht? Könnte man meinen, wenn man länger nicht mehr hier war. In der Kirche des Mittelalters hatten die Leute tatsächlich nicht viel mehr zu sagen als „Ja und Amen“. Gott sei Dank sind wir da ja heute ein kleines Stückchen weiter.

Aber eigentlich spricht doch gar nichts dagegen, ab und zu auch mal „ja" zu sagen, statt immer nur „nein" und „will ich nicht" oder „kann ich nicht" oder „das geht doch nicht"; sondern einfach mal „ja". Gott sagt nämlich auch „ja" zu uns. Gott hat Seinem Volk viele große Zusagen gegeben. Er hat gesagt: „Ich verbünde mich mit euch. Ich gehöre einfach mit zu euch. Ihr seid mein Volk und ich euer Gott, aber wir gehören zusammen. Und es wird die Zeit kommen, in der ihr in Frieden leben könnt – und in Gerechtigkeit. Eine Zeit, in der die Menschen endlich das bekommen, was ihnen zusteht: Satt zu essen und zu trinken; ein Dach über dem Kopf; Wärme und, vor allem – ganz wichtig – menschliche Zuneigung".

Gott hat Seine Versprechen wahr gemacht. Er ist zu uns gekommen; ist tatsächlich einer von uns geworden. Als kleines Kind, geboren in einer Krippe, ist er zu uns gekommen, damit all das wahr wird, was Er uns versprochen hat. Nun können wir natürlich fragen: „Warum dauert das so lange; und warum ist das noch nicht wahr geworden, was Gott uns versprochen hat? Warum gibt es noch so viele Menschen, denen das Nötigste zum Leben fehlt?".

Ja, liebe Gemeinde, da sind wir gefragt! Ich denke, das liegt mit daran, dass wir nicht oft genug „Amen" sagen! Wir sagen zwar immer, was wir wollen. Wir sagen, was uns fehlt. Aber sagen wir auch „Ja" und „Amen"? – „Ja, wir packen mit an! Wir tun etwas dafür, dass Gottes Zusagen Wirklichkeit werden."?

Paulus schreibt: *Gott hat ...uns sein Siegel aufgedrückt* – sozusagen Seinen Stempel. Er hat uns beschenkt mit Seinem Geist. Er hat uns gesalbt, so wie man früher Könige gesalbt hat,

- damit wir das tun in der Welt, was Er von uns will;
- damit wir so leben, wie das kleine Kind in der Krippe uns das als Erwachsener vorgelebt hat;

- damit wir dafür sorgen, dass endlich Friede ist und dass die Menschen nicht mehr aufeinander schießen, sich nicht mehr „zum Fressen“ gern haben, sondern das, was sie haben, miteinander teilen – aus Liebe.

Wenn wir das täten - ein bisschen öfter täten, als wir es tun, und nicht nur alle Jahre wieder – ich glaube, dann sähe die Welt ganz anders aus! Und dann dürften wir außer „Ja und Amen“ natürlich auch ab und zu mal „nein“ sagen und „Halleluja“ singen, so wie der Chor es heute Abend wieder so schallend tut – oder: „Nun danket alle Gott“. Amen.

Fürbitten

Lieber Gott,
Du sagst „ja“ zu uns –
ohne „wenn“ und „aber“.
Bei Dir ist kein „nein“,
weil Du Deine Kinder liebst
ohne Vorbedingung; nur weil es uns gibt.

Du hast uns Dein Siegel aufgedrückt,
das unverkennbare Merkmal,
das Christus uns gegeben hat als Erkennungszeichen:
Deine große Liebe.

Dazu sagen wir „amen“:
Ja, Gott, es ist wahr:
Wir nehmen Deine Liebe an
und geben sie weiter an die Menschen,
die ohne Liebe leben müssen.

Wir bitten Dich:
Lass den Geist in uns wachsen,
den Du uns bei der Taufe geschenkt hast
und gib, dass wir in der Welt Frucht bringen:
Früchte der Liebe, des Friedens
und der Gerechtigkeit.

Komm in unsere Welt, o Herr,
und wandle sie um.
Gestalte Deine Kirche neu,
als einen Ort der Erneuerung,
an dem die Menschen Zuflucht und Geborgenheit finden.

Wir beten, für die neue Zeit,
die Christus uns angekündigt hat, mit seinen Worten:…

Heiligabend: Jesaja 9,1-6

Gott hat viele Namen

Gehalten am 24.12.2005 in Lägerdorf

Liebe Gemeinde,

Gott hat viele Namen. Wir Christen glauben, dass es nur einen Gott gibt. Den aber gibt es schon länger, als es Menschen gibt; und es wird Ihn noch geben, wenn wir alle nicht mehr da sind. Von ihrem Anfang bis jetzt hat Er die Menschheit begleitet. In ihrer langen Geschichte ist Er an allen Orten und zu allen Zeiten verehrt worden – allerdings auf sehr unterschiedliche Weise.

Die ersten Darstellungen von Gott, die wir gefunden haben, sind Frauenfiguren mit übergroßen Brüsten. „Von allen Seiten umgibst Du mich" – das ist eine Erfahrung, die wir alle einmal gemacht haben, bevor wir geboren wurden und noch im Bauch unserer Mutter waren. In der Urzeit wären die kleinen Menschenkinder gleich nach der Geburt verhungert, wenn sie nicht von der Milch ihrer Mutter hätten leben können.

Später bekamen dann die Männer das Sagen. In dieser Zeit wurde Gott meistens wie ein Patriarch dargestellt: Entweder als der berühmte Mann mit dem weißen Bart, der so viel Ähnlichkeit mit dem Weihnachtsmann hat, oder als zornigen, Blitze schleudernden Gott der Soldaten, der alle Feinde in den Staub tritt.

Bei den alten Griechen und Römern und vielen anderen Völkern der Antike waren dann Himmel und Erde voll mit großen und kleinen Gottheiten: Jeder Baum, jeder Bach, und jeder Landstrich hatte seine eigene Schutzgöttin; und auf dem Olymp teilten sich die Mitglieder einer göttlichen WG die Aufgaben, ganz ähnlich wie es heute das Bundeskabinett tut. Für jeden Lebensbereich gab es einen Gott oder eine Göttin, die dafür zuständig war. Bei den Katholiken wurden die später abgelöst durch die Heiligen. In aufgeklärteren Zeiten begann man, Gott mehr abstrakt zu sehen: Als eine starke Kraft, eine Art von Energie, geformt aus reinem Geist - „möge die Macht mit dir sein…!". Für uns Christen aber hat Gott ein für allemal ein Gesicht bekommen – und einen Namen: Jesus Christus.

Diesen Namen konnten natürlich die Propheten des Alten Testamentes noch nicht kennen – einige hundert Jahre vor seiner Geburt. Wir kennen aber viele Worte, mit denen sie die Ankunft des Messias vorhergesagt haben. Eine der bekanntesten Weissagungen steht beim Propheten Jesaja im 9. Kapitel. Ich lese aus der evangelisch-katholischen Einheitsübersetzung:

> *Das Volk, das im Dunkel lebt, sieht ein helles Licht; über denen, die im Land der Finsternis wohnen, strahlt ein Licht auf. Du erregst lauten Jubel und schenkst große Freude. Man freut sich in deiner Nähe, wie man sich freut bei der Ernte, wie man jubelt, wenn Beute verteilt wird. Denn wie am Tag von Midian zerbrichst du das drückende Joch, das Tragholz auf unserer Schulter und den Stock des Treibers.*
>
> *Jeder Stiefel, der dröhnend daherstampft, jeder Mantel, der mit Blut befleckt ist, wird verbrannt, wird ein Fraß des Feuers. Denn uns ist ein Kind geboren, ein Sohn ist uns geschenkt. Die Herrschaft liegt auf seiner Schulter; man nennt ihn: Wunderbarer Ratgeber, Starker Gott, Vater in Ewigkeit, Fürst des Friedens.*

Seine Herrschaft ist groß und der Friede hat kein Ende. Auf dem Thron Davids herrscht er über sein Reich; er festigt und stützt es durch Recht und Gerechtigkeit, jetzt und für alle Zeiten. Der leidenschaftliche Eifer des Herrn der Heere wird das vollbringen.

Gott hat viele Namen. Seinem Sohn gibt der Prophet hier gleich vier, die es allesamt in sich haben.

„*Wunderbarer Ratgeber*" nennt Jesaja ihn. Martin Luther übersetzt „Wunder-Rat". Die hebräische Sprache ist nie ganz eindeutig; man kann jedes Wort auf mehrere Arten übersetzen. An dieser Stelle kann man am ehesten sagen: „Einer, der Wunderbares plant".

Diesen Namen trägt an anderen Stellen der Bibel Gott selbst. Schließlich hat Er sich ja die ganze Welt ausgedacht und diesen Plan in der Schöpfung verwirklicht. Wenn nun ein neugeborenes Kind diesen Namen bekommt, dann ist damit nichts anderes ausgesagt als: „Gott selbst kommt auf die Erde". Als Jesus erwachsen war, hat er uns gelehrt, dass wir alle Gottes Kinder sind, so wie er Gottes Sohn war: Töchter und Söhne der Liebe, gezeugt durch Gottes Heiligen Geist.

„*Starker Gott*" ist der zweite Name, den Jesaja dem Kind gibt, das die Herrschaft antreten soll. Martin Luther übersetzt „Gott-Held". Der Urtext kann auch bedeuten „Gott der Stärke" oder „Kraft Gottes".

Jesus hat immer darauf hingewiesen, dass er die Wunder, die er tat, nicht aus eigener Kraft getan hat, sondern in der Kraft Gottes, unseres himmlischen Vaters. Gerade das war seine Stärke, dass er von sich selbst weg gewiesen hat und keinen Kult um seine Person wollte. Stattdessen ist er gekommen, um uns Menschen auf den hinzuweisen, der ihn gesandt hat.

Trotzdem kann er im Johannes-Evangelium sagen: „Ich und der Vater sind eins". Er war so mit Gott im Reinen, wie es ein Mensch nur sein kann. Deshalb darf Jesaja ihn auch „*Vater in Ewigkeit*" nennen. Martin Luther sagt „Ewig-Vater"; der hebräische Text kann bedeuten, dass der Vater unseres Herrn Jesus Christus von der Ewigkeit herkommt, also aus dem Jenseits von Zeit und Raum; oder dass es Ihn in Ewigkeit gibt.

Wenn ein Kind diesen Namen trägt, dann will der Prophet damit ausdrücken, dass es „ganz der Vater" ist. Damit ist mehr ausgedrückt als eine Familienähnlichkeit, wie sie vielleicht die weit entfernt wohnende Tante festgestellt haben wird, die über die Feiertage angereist ist. Wenn wir Jesus sehen, dann sehen wir den Vater, wie Er ist, wenn Er Mensch wird.

„*Fürst des Friedens*" nennt Jesaja das Kind. Luther sagt „Friede-Fürst"; und der Blick ins Original klärt uns darüber auf, dass dieser Fürst nicht selbst der Herrscher ist, sondern von einem eingesetzt, der höher ist als er selbst. Phantasievolle orientalische Herrscher könnten vielleicht ihren Verteidigungsminister so nennen – nur mit dem Unterschied, dass der Friede Gottes nicht mit Waffengewalt erstritten werden kann.

Der Friede, den das Kind in der Krippe bringt, ist höher als alle unsere menschliche Vernunft. Der Heiland will nicht nur die Waffen zum Schweigen bringen, sondern ist gekommen, damit wir unseren Frieden mit Gott machen können. Die Menschen in der alten Zeit waren anders als wir heute. Sie haben von Weihnachten nicht einen Berg Geschenke erwartet, nicht das festliche Essen im Kreis der Familie oder einfach eine Reihe von freien Tagen. Das, wonach unsere Vorfahren gesucht haben, nannte sich „Seelenheil".

Mit diesem Wort wird kaum jemand etwas anfangen können, der oder die nach 1945 geboren ist. Das Wort „Heil“ haben die Nationalsozialisten so sehr in den Schmutz getreten, dass wir es kaum noch benutzen können; und dass wir neben Körper und Geist auch eine Seele haben, das wollen immer weniger Menschen wahr haben.

Vielleicht ist das ja der Grund dafür, dass seelische Erkrankungen heute eine Volkskrankheit geworden sind. Wer eine ausgewachsene Depression hat, lebt sein ganzes Leben lang im Dunkeln – selbst dann, wenn draußen der herrlichste Sonnenschein ist. Manchmal werden in der Tat ganze Völker von dieser Krankheit überschwemmt.

Als Jesaja lebte, hatte das einen Grund: Sein ganzes Land war besetzt von feindlichen Truppen, es herrschten Hunger und Gewalt auf den Straßen seiner Städte. Heute, hier bei uns, wissen Viele gar nicht mehr, warum sie eigentlich so traurig sind. Wir haben vergessen, was wirklich zählt im Leben; wir wissen gar nicht mehr, was wir verloren haben – und deshalb können wir auch mit dem Weihnachtsfest nichts mehr anfangen.

Wir haben das wichtigste verloren, das es gibt: Den Sinn unseres Lebens. Wir haben Gott vergessen. Nur wer sich nicht von den hellen Lichtern der Weihnachtszeit blenden lässt und sich nicht einlullen lässt von dem zuckersüßen Gedudel, das seit vier Wochen aus dem Radio kommt, kann das einzige, wahre Licht sehen, das unsere Finsternis erhellen kann.

Gott hat viele Namen. Für uns trägt er den Namen Jesus Christus. Er hat uns den Weg zum Heil gezeigt, den einzigen, der uns aus der tiefen Depression reißen kann, die sich in unserem Land breit gemacht hat: Den Weg des Friedens und der Liebe. Lasst uns ihn anbeten: „Hosianna dem Sohn Davids“! Amen.

Fürbitten

Gott, wir danken Dir,
dass Du Mensch geworden bist
durch Deinen Sohn Jesus Christus.
Er ist ein wunderbarer Ratgeber.
Hilf, dass wir seinem Rat auch folgen
und alle Tage tun, was er uns vorgelebt hat.

Wir nennen ihn „starker Gott“,
weil er mit Dir verbunden war wie kein anderer Mensch.
Gib auch uns von Deiner Kraft,
damit wir mit ihr für andere da sein können.
Du bist der „Vater in Ewigkeit“,
doch als Du die Schöpfung begonnen hast,
da war der Geist schon da,
den Jesus uns kennen gelehrt hat.
Lass ihn uns weitergeben
an alle Generationen, die noch kommen.

Der „Fürst des Friedens“ ist gekommen,
damit die Welt wieder heil wird
und Dein Licht die Finsternis erhellen kann, die uns umgibt.
Lass es in dieser Nacht wieder hell werden für alle Deine Kinder,
die in Armut leben, in Trauer gefangen sind,
die Angst haben vor der Zukunft
oder vergessen haben, wofür sie leben.

Wir beten für das Heil der Welt
mit den Worten, die wir von Jesus gelernt haben:…

Weihnachten I: 1. Johannes 3,1-6

Die etwas andere Weihnachtspost

Gehalten am 25.12. 2005 in Lägerdorf*

Liebe Gemeinde,
geht Ihnen das auch so? Bekommen Sie in der Weihnachtszeit auch immer so viele Briefe und Postkarten? – Da sind zunächst einmal diese ganzen, vielen Briefe, wo eine Zahlkarte dabei ist. Die werfen wir dann immer gleich weg und gucken uns die weiter gar nicht an – schließlich spenden wir das Jahr über schon genug für wohltätige Zwecke.

Manche Karten und Briefe sind dann aber auch richtig schön – so, wie diese Karte, die ich gerade in der Hand halte. Aber wenn man sie dann aufklappt, steht doch nichts weiter drin: „Frohe Weihnachten wünschen Euch…". Tja – dann fragt man sich: „Habe ich denen eigentlich auch geschrieben?" und: „Wann habe ich die eigentlich das letzte Mal gesehen?"; „müsste man nicht mal wieder…?" – na gut…!

Manche Post hat denn aber auch einen weiteren Weg zurückgelegt. Hier habe ich eine Feldpostkarte. Ich wusste bislang noch gar nicht, dass es wieder Feldpost gibt und dachte immer, das wäre etwas, das es zuletzt im Zweiten Weltkrieg gegeben hat; auf jeden Fall nur im Krieg. Aber wir <u>haben</u> ja Soldaten draußen, in Bosnien-Herzegowina. Daher kommt diese Karte.

Und das hier finde ich auch ganz gut: Eine neue Generation von Hildebrandts! Mein Cousin hat mir Photos von seinen Kindern geschickt. Das ist ja wenigstens mal etwas, das man sich auf den Schreibtisch stellen kann und sich darüber freuen. Oder diese hier: Unsere Kirche im Winter. Mit „Weiße Weihnachten" ist es ja dieses Jahr auch wieder nichts geworden – da müssen wir uns mal bei Petrus beschweren -, aber es soll ja noch Schnee kommen. Vielleicht klappt es ja morgen, am zweiten Weihnachtstag damit?

Dann schreibt mir hier ein Kollege, der hat wohl nicht genug an seinen Predigten gehabt, sondern schickt an alle seine Kollegen noch einen Rundbrief mit der Frohen Botschaft. Ich meine, man freut sich natürlich darüber, dass man bedacht wird – aber predigen darf ich ja selber zur Genüge.

Tja – hier ist ein Gruß von unserer Zeitungsfrau. Die muss jeden Tag, bei jedem Wetter, bei Nacht und Nebel die Zeitung bringen. Trotzdem denkt sie daran, uns mit persönlichen Worten Frohe Weihnachten zu wünschen. Darüber freue ich mich wirklich – und habe natürlich nicht vergessen, ihr eine kleine Gabe an die Tür zu hängen.

Sogar unsere Kirchenkreisverwaltung gratuliert zu Weihnachten! Die schicken das Protokoll von der letzten Kirchenkreis-Synode und wünschen einem dann sogar noch ein gesegnetes Weihnachtsfest und ein friedvolles Neues Jahr. Das ist doch mal etwas: Sogar die Kirchenkreisverwaltung denkt an Frieden! Naja – es hat ja im vergangenen Jahr auch genug Streit gegeben über die Zukunft unserer Kirche.

Manche schreiben aber auch mehr als nur ihren Namen auf die Weihnachtspostkarte. Hier ist ein langer Brief aus dem Heiligen Land. Wie dort Weihnachten gefeiert wird, hinter Stacheldrahtverhauen und unter der ständigen Drohung, beschossen zu werden: Das ist wirklich traurig! Hier bekomme ich einen ganzen, langen Bericht von einer befreundeten Familie, was sie das Jahr über so erlebt haben. Das finde ich durchaus spannend. Da lese ich mich dran fest und nehme natürlich auch Anteil an dem Leben meiner Freunde.

Und dann habe ich hier noch einen Brief. Wie ist der denn unter die Weihnachtpost geraten? Der ist eigentlich gar nicht an mich gerichtet. Der ist an die Gemeinden gerichtet, „die Gemeinden auf dem Festland“. Und wenn ich ihn mir näher ansehe: Geschrieben wurde er etwa hundert Jahre nach Christi Geburt – vom Apostel Johannes. In diesem Brief schreibt er, was für ihn Weihnachten bedeutet. Aber – je mehr ich mir diesen alten Brief durchlese, desto weniger hat der eigentlich mit Weihnachten zu tun! Hören Sie mal selbst:

> *Seht, wie groß die Liebe ist, die der Vater uns geschenkt hat: Wir heißen Kinder Gottes und wir sind es. Die Welt erkennt uns nicht, weil sie ihn nicht erkannt hat. Liebe Brüder, jetzt sind wir Kinder Gottes. Aber was wir sein werden, ist noch nicht offenbar geworden. Wir wissen, dass wir ihm ähnlich sein werden, wenn er offenbar wird; denn wir werden ihn sehen, wie er ist.*
>
> *Jeder, der dies von ihm erhofft, heiligt sich, so wie Er heilig ist. Jeder, der die Sünde tut, handelt gesetzwidrig; denn Sünde ist Gesetzwidrigkeit. Ihr wisst, dass er erschienen ist, um die Sünde wegzunehmen, und er selbst ist ohne Sünde. Jeder, der in ihm bleibt, sündigt nicht. Jeder, der sündigt, hat ihn nicht gesehen und ihn nicht erkannt.*

Donnerwetter: Das ist ja mal eine ganz andere Weihnachtsbotschaft – eine gute Nachricht! ‚Wir sind Gottes Kinder‘, schreibt der Apostel an uns. Wir! Aber halt: Wir sind doch keine Kinder mehr, oder? Wir sind doch stolz darauf, dass wir auf eigenen Füßen stehen; dass wir nicht mehr in die Windeln machen - so wie das Kind in der Krippe -, und dass wir unseren eigenen Kopf haben und unseren eigenen Weg gehen können. Wir brauchen nicht mehr alles vorgeschrieben zu kriegen von den Eltern: Wir sind doch schon groß! Und da sagt Johannes zu uns, wir sind Kinder – so, wie das Neugeborene im Stall?

Ja, liebe Gemeinde: Das sind wir! Und das bleiben wir unser Leben lang. Genau wie ein winzig kleines Baby sind wir von Anbeginn unseres Lebens bis zu seinem Ende angewiesen auf andere Menschen – und auf die Gnade Gottes. Wenn unsere Eltern uns nicht in Liebe gezeugt hätten; wenn unsere Mutter uns nicht von Kindesbeinen auf ernährt hätte; wenn sie uns nicht Lesen und Schreiben beigebracht hätten und Gehen und Tanzen und Springen und alles andere, könnten wir gar nichts.

Auch wenn wir schon längst aus dem Haus sind und auf eigenen Füßen stehen und unseren eigenen Haushalt gegründet haben, unser eigenes Geld verdienen – so Gott will und wir noch Arbeit finden in dieser Zeit -, würden wir trotzdem nichts haben, wenn nicht auch andere Menschen etwas für uns täten. Das Haus, in dem wir wohnen, haben wir in aller Regel nicht selbst gebaut – zumindest die Steine dafür haben wir nicht selbst hergestellt. Im Supermarkt könnten wir für unser ganzes Geld nichts einkaufen, wenn es nicht andere Leute gäbe, die die Waren dorthin bringen und sie für uns auszeichnen.

Wir könnten nicht leben, und schon gar nicht glücklich werden, wenn wir nicht wüssten, dass es irgendwo jemanden gibt, der mich liebt, der für mich da ist, den ich gern habe. Diese Liebe, die Liebe Gottes, die uns leben lässt und zu Seinen Kindern macht, die trägt uns unser ganzes Leben hindurch – auch über den Tod hinaus. Auch dann, wenn wir getrennt werden von unseren Lieben, können wir uns darauf verlassen, dass Gott da ist und dass wir Seine Kinder heißen dürfen – im Tod und auch im Leben.

Gottes Kinder werden wir durch die Liebe. So, wie Jesus Christus die Liebe Gottes in seiner Person verkörpert hat, so können und sollen wir das auch tun. Der Apostel schreibt: ‚Wenn wir Gottes Kinder sind und aus Seiner Liebe leben, dann tun wir keine Sünden mehr‘. Aber stimmt das denn? Machen wir nicht jeden Tag Fehler? Verstoßen wir nicht andauernd gegen eines von den zehn Geboten, um nur die wichtigsten zu nennen?

Versündigen wir uns nicht gegen unsere Mitmenschen, wenn wir – wie ich es leider immer wieder tue – vergessen, ihnen eine Weihnachtskarte zu schicken, oder auch in weniger harmlosen Zusammenhängen, wenn wir an andere einfach nicht denken? Wir machen doch jeden Tag irgendetwas falsch! Und „wer sagt, er sei ohne Sünde, betrügt sich selbst", schreibt selbst der Apostel an anderer Stelle in seinem Brief – im ersten Kapitel.

Keiner von uns ist wirklich frei von Sünde. Das hat übrigens auch Martin Luther immer wieder betont: Wir sind und bleiben Sünder, auch wenn wir getauft sind auf den Namen Gottes, auch wenn wir Seine Kinder sind; auch wenn wir als Christinnen und Christen seinen Namen tragen dürfen, bleiben wir Sünder.

„Sünde" heißt nun aber nicht das, was wir landläufig darunter verstehen, dass wir alles Mögliche falsch machen – dass wir falsch parken oder so. Sünde ist ganz einfach der Zustand, dass wir von Gott entfernt sind; dass wir nicht so sind wie Er; dass wir eben die Menschen sind und Er Gott ist. Diesen Unterschied, diesen himmelweiten Unterschied zwischen Gott und den Menschen, den nennt die Bibel „Sünde".

Wir können diesen Unterschied niemals überwinden – nicht, solange wir leben. Da sind wir immer von Gott entfernt – weil Gott im Himmel ist und wir hier auf der Erde. Aber wenn wir aus der Liebe leben, so, wie wir das von Jesus gelernt haben; und wenn wir das, was wir tun, aus Liebe tun, können wir eigentlich nichts falsch machen – denn dann bleiben wir bei Gott, auch wenn wir von Ihm getrennt sind. Dann wird Er uns vergeben, was wir falsch gemacht haben. Dann wird Er uns am Ende unseres Lebens die Hand reichen und uns einladen in Sein Reich und uns sagen: „Komm. Komm nach Hause! Du bist herzlich willkommen bei mir – aus lauter Liebe".

Nur wenn wir das vergessen, wenn wir meinen, wir wären doch schon so erwachsen, so groß, wir müssten unsere eigenen Wege gehen, und von Gott nichts wissen wollen und uns immer weiter von Ihm entfernen, dann wird Er sich auch von uns entfernen. Ob wir dann noch bei Ihm aufgenommen werden, wenn eines Tages Seine Liebe überall auf der Welt sichtbar wird, das können wir nur Seiner Gnade überlassen. Es gibt ja die Möglichkeit, dass wir, obwohl wir Gottes Kinder sind, in der Welt aufgehen und in der Welt bleiben. In diesem Fall bleibt nichts von uns, wenn wir gehen.

Aber wenn wir aus der Liebe leben und im Glauben an das Kind, das im Stall geboren wurde, unseren Weg gehen, dann werden wir ihm gleich sein, wenn Gott kommt und wir vor Seinem Angesicht stehen. Dann wird sichtbar werden, dass wir zu Ihm gehören, so wie Kinder zu ihren Eltern gehören und dass wir eine Familie sind; alle an einem Tisch sitzen dürfen mit Jesus Christus und mit unserem Vater im Himmel. Amen.

Fürbitten

Lieber Gott,
bei all der ganzen Weihnachtspost
und dem Trubel über die Festtage
hätten wir fast die wichtigste Nachricht übersehen:
Wir sind Deine Kinder!
Nicht nur das Kind aus dem Stall ist Dein Sohn;
nein: Wir alle dürfen uns Kinder der Liebe nennen!

Wir sind Kinder,
weil wir immer noch nicht
auf eigenen Füßen stehen könnten –
ohne Deine Liebe.

Wir sind <u>Deine</u> Kinder,
weil es allein die Macht der Liebe ist,
oder zumindest die Sehnsucht nach ihr,
aus der wir entstanden sind.

Wir bleiben Deine Kinder,
wenn wir in der Liebe bleiben.
Darum bitten wir Dich:
Lass nicht zu,
dass uns der Satan auf seine falschen Wege lockt
und uns von dir entfernt.
Lass uns alles, was wir tun,
aus Liebe tun
und vergib uns, wenn wir dabei Fehler machen.
Lass uns staunend wie Kinder
die Wunder sehen, die dann geschehen
und nimm uns auf in Dein ewiges Zuhause,
wenn wir einst unseren Weg vollendet haben.

Wir beten, wie wir es von Deinem Sohn gelernt haben:...

Altjahresabend: 2. Mose 13,20-22

Zeichen auf dem Weg

Gehalten am 31.12.2005 in Lägerdorf*

Liebe Gemeinde,
als ich noch zur Schule ging, in die Grundschule in Hamburg, da haben wir im Heimatkundeunterricht gelernt, wie die Schiffe, die die Elbe herunterfahren, ihre Richtung halten. Da gibt es doch überall diese Leuchtfeuer. Der Kapitän muss dann immer zusehen, dass die in einer Linie stehen. Dann weiß er: Er ist auf dem richtigen Kurs.

Solche Leuchtzeichen gibt Gott uns auch, damit wir auf unserer Fahrt durch das Leben auf dem richtigen Kurs bleiben - zum Beispiel damals, als die Israeliten sich aufgemacht haben auf den Weg in das Gelobte Land. Sie sind aus Ägypten ausgezogen, nachdem Gott ihrem Gastland die berühmten zehn biblischen Plagen geschickt hatte und zuletzt auch der Sohn des Pharao tot dalag. Da sagte Pharao zu ihnen: „Geht“.

Als sie sich auf den Weg machten, da ging Gott mit ihnen. In welcher Form geschah das? Was für Zeichen hat Er ihnen gegeben? – Wir erinnern uns: Am Tag war es eine Wolkensäule; in der Nacht eine Säule aus Feuer. Das steht im Zweiten Buch Mose im 13. Kapitel; und das ist für heue ‚Abend auch der Predigttext:

> *Die Israeliten brachen von Sukkot auf und schlugen ihr Lager in Etam am Rand der Wüste auf. Der Herr zog vor ihnen her, bei Tag in einer Wolkensäule, um ihnen den Weg zu zeigen, bei Nacht in einer Feuersäule, um ihnen zu leuchten. So konnten sie Tag und Nacht unterwegs sein. Die Wolkensäule wich bei Tag nicht von der Spitze des Volkes und die Feuersäule nicht bei Nacht.*

Gott geht mit uns, mit Seinem Volk. Er geht voran; und anders als die Feuerzeichen an der Elbe steht Er nicht einfach nur so da, sondern Er bewegt sich: Er geht vorweg und zeigt auf diese Weise den Weg. Aber mir ist aufgefallen, dass in den fünf Büchern Mose von der Feuer- und Wolkensäule nur so lange die Rede ist, bis das Volk am Sinai angekommen ist.

Danach wird sie zwar noch erwähnt; aber ab dann heißt es immer: ‚Die Wolkensäule steht bei dem Heiligen Zelt'; bei der Stiftshütte, in der die Steintafeln mit den Zehn Geboten untergebracht sind – in der Bundeslade. Gott kann ja allein von allen Menschen nur mit Mose reden. Mose ist der einzige Mensch, der Gott von Angesicht zu Angesicht sieht – und ihm sagt Gott dann, wo es längsgeht.

Seit dem Tanz ums Goldene Kalb geht Er also nicht mehr vorweg, sondern bleibt stehen – bei der Stiftshütte; bei den Zehn Geboten. Und diese Zehn Gebote, die Gott dem Volk am Sinai gegeben hat, sie sind seitdem unsere Wegzeichen – die Zeichen, an denen wir uns und unser Leben ausrichten sollen. Damit tun wir alle uns ja ziemlich schwer. Ich bin mir sicher: Es gibt keinen einzigen Menschen, der es schafft, immer und überall die Zehn Gebote einzuhalten.

Das fängt schon mit dem Ersten Gebot an. Das Erste ist nicht deshalb das erste, weil es zufällig als oberstes auf der ersten Tafel stand, sondern weil es das allerwichtigste von allen war – zumindest für die Menschen zu der Zeit, als die Gebote aufgeschrieben wurden. Du sollst Gott lieben über alles – das kommt an erster Stelle: „Ich bin der HErr, dein Gott. Du sollst keine anderen Götter haben neben mir"!

Und was machen wir alles zu unserem Gott? Wofür bringen wir Opfer – Menschenopfer sogar? Der Tanz ums Goldene Kalb ist jetzt gerade auf seinem Höhepunkt angelangt. Es gibt nichts Wichtigeres, wofür Menschen leben und sterben und sogar Morde begehen, als das unschöne Geld – den schnöden Mammon. Das ist unser Gott – heute.

Oder das Zweite Gebot: „Du sollst den Namen Gottes, des HErrn, nicht missbrauchen, nicht unnützlich führen“ – das ist seitdem millionenfach geschehen. Der erste Missbrauch des Namens Gottes fängt in der Bibel schon an: Nach den fünf Büchern Mose kommt das schreckliche Buch Josua. Da gehen die Menschen im Namen Gottes, weil Er ihnen doch dieses Land geschenkt hat, los – und rotten ganze Städte aus. Sie berufen sich auf Gott und sagen: ‚Der HErr hat geboten, wir sollen hier niemanden leben lassen. Männer und Frauen und Tiere, alle sollen wir erschlagen‘. „Den Bann vollziehen“, nannte man das – im Namen Gottes…!

Das hat bis heute nicht aufgehört, dass „Gotteskrieger“ sich auf den Allmächtigen berufen und denken, sie handelten in Seinem Auftrag, wenn sie sich die Bombe um den Bauch binden und in ein vollbesetztes Café gehen. Und wir wissen, wie unsere Soldaten Gottes Namen missbraucht hatten, indem sie auf die Koppel ihrer Uniformen geschrieben hatten: „Gott mit uns“. So sind sie losgegangen und haben andere Christen erschossen. Der größte Missbrauch, den es gibt: Kreuzritter, die in Gottes Namen durch Ströme von Blut waten; deren weiße Gewänder mit dem Kreuz darauf schon bald besudelt waren mit dem Blut von Andersgläubigen. Oft haben wir Gottes Namen in den Staub getreten, ihn unnützlich gebraucht – mal ganz abgesehen davon, wie oft wir am Tag sagen: „O Gott“. Das ist dagegen schon harmlos.

Drittes Gebot: „Du sollst den Feiertag heiligen“. Nun ist heute kein kirchlicher Feiertag. Wir kommen ja nur so zusammen, weil wir nicht ohne Gottes Segen in das neue Jahr gehen wollen. Aber gefeiert wird überall – nur in der Regel ohne Gott, mit Bleigießen und Horoskopen und vor allem viel Geböller, damit die bösen Geister vertrieben werden. Ich möchte gern mal wissen, an was für Götter die Menschen eigentlich glauben, die das tun. Auf keinen Fall ist es aber der Gott, der sich in der Bibel offenbart hat!

„Du sollst Vater und Mutter ehren“ – in irgendeinem Programm läuft bestimmt heute Abend wieder der Sketch, wo eine junge Frau ganz aufgeregt durchs Haus läuft und fragt: „Sag mal, weißt du noch, wo dieses komische Heim ist, wo wir Oma hingebracht haben?“. Das fällt den Leuten dann immer ein, wenn's ans Erben geht. Sonst aber gibt es einen tiefen Graben zwischen den Generationen: Die älteren und die jüngeren Menschen sprechen teilweise schon eine völlig andere Sprache. Die verstehen sich kaum noch untereinander. Erst langsam beginnt es wieder anders zu werden: Dass junge Menschen begreifen, dass sie von den älteren etwas lernen können – und umgekehrt; dass man merkt: „Wir gehören zusammen; wir brauchen den größeren Verband der Familie, der früher einmal da war“. Damals musste niemand allein durch das Leben gehen. Die Generationen müssen zusammenhalten, wenn wir nicht auseinanderbrechen wollen!

„Du sollst nicht töten“. Jesus sagt, das Töten fängt nicht erst dann an, wenn du zur Pistole greifst und jemanden totschießt, sondern schon, wenn du nur jemandem die Pest an den Hals wünscht. Sei es der Finanzminister oder die Gesundheitsministerin, oder wem auch immer du die Seuche wünscht: Damit fängt das Töten an – mit dem Verwünschen.

Und das Sechste Gebot: Wer kann das schon in der Form halten, wie Jesus es verschärft hat? In dem Augenblick, wo du nur denkst, wie schön das doch wäre, mal fremde Haut zu fühlen, schon da hast du es geschafft! Nach dem, was Jesus gesagt, würde ich im Ehebruch leben, weil ich zum zweiten Mal geheiratet habe. Nach seinen Worten bricht die Ehe, wer das tut. Da kann man sich noch so sehr bemühen, noch so gute Vorsätze haben: Damit sie auch gelingen, muss Gottes Segen dazu kommen!

„Du sollst nicht stehlen“ – auch wenn vielleicht keiner von uns jemals lange Finger gemacht haben sollte, stehlen wir doch anderen Menschen das, was sie zum Leben nötig hätten. Wenn wir in unserer „Geiz-ist-geil-Mentalität“ immer darauf bestehen, dass der Kaffe so billig wie möglich verkauft wird, werden die Menschen, die ihn pflücken, nie den gerechten Lohn bekommen. Und wenn wir die Rohstoffe anderer Länder ausbeuten, wenn wir unsere Häuser mit Gas heizen, das in der Ukraine gerade abgestellt wurde, weil die Regierung es nicht mehr bezahlen kann, dann ist auch das eine Art von Diebstahl. In dem Moment, wo wir nicht alles in unserer Macht Stehende tun, damit es jeder Mensch auf der Welt warm hat und dass alle genug zu essen haben, stehlen wir diesen Menschen die Lebensgrundlage.

„Du sollst nicht falsch Zeugnis reden“. Lägerdorf ist die Welthauptstadt des Tratsches und der üblen Nachrede. Die große Phantasie, die man hier bei unseren Mitbürgerinnen und Mitbürgern so häufig antrifft, ist schon erstaunlich. Man denkt sich immer die tollsten Geschichten aus über die lieben Mitmenschen. Ob sie wahr sind oder nicht, das spielt gar keine Rolle – Hauptsache, man kann sie weiter erzählen!

Neuntes und Zehntes Gebot: „Nur kein Neid!“. Du sollst nicht begehren, was ein anderer schon hat. Nein – wir bringen unseren Kindern bei: „Du sollst ehrgeizig sein! Du musst die Nummer Eins sein. Du musst besser sein als die anderen, die Nase vorneweg haben“. „Ob dir etwas zusteht oder nicht, das ist doch ganz egal: Wenn dir etwas in den Schoß fällt, dann greif zu!“ – das bringen wir den Kindern doch bei – aber nicht das, was Gott geboten hat: Dass wir miteinander teilen und dem Anderen gönnen, was er hat und Anderen helfen, ihre Talente zu nutzen; dass wir unsere Mitmenschen fördern und uns nicht gegen sie stellen sollen.

Also: Das mit den Zehn Geboten und mit Gottes Wegzeichen ist nicht ganz so einfach, wie an der Elbe zu navigieren! Wir kommen immer wieder ab vom richtigen Fahrwasser. Wir fahren immer wieder falsch – manchmal sogar in die ganz falsche Richtung, wo wir gar nicht hin wollten. Da war das damals in der Wüste besser, als es keine festen Wegzeichen gab, sondern als Gott mitging. Wir brauchen offenbar jemanden, der mit an Bord ist; der darauf achtet, dass die Peilung stimmt.

Die Schiffe auf der Elbe nehmen denn ja immer einen Lotsen mit an Bord; und auch wir Christinnen und Christen haben so einen Lotsen, der gekommen ist, um uns den Weg zu zeigen. Er sollte am Steuer stehen und darauf achten, dass die Wegzeichen schön auf Deckung liegen, damit wir den richtigen Weg fahren. Sein Name ist Jesus Christus. Wir haben gerade seine Geburt gefeiert – ganz groß: Mit Weihnachtsbäumen und Lametta und allem, was dazu gehört.

Einen Tag nach Weihnachten haben wir ihn schon wieder vergessen – und hören doch nicht auf das, was er gesagt hat; tun nicht das, was er getan hat; richten uns nicht nach dem, was er uns von Gott erzählt hat. Und da, liebe Gemeinde, da sollten wir für das neue Jahr doch mal einen guten Vorsatz fassen und bei allem, was wir tun, fragen: „Was würde denn Jesus jetzt tun, wenn er jetzt hier wäre; wenn er in der Entscheidung stünde, die ich jetzt hier zu treffen habe?“

Die ‚Wegzeichen, die am Rand des Weges stehen, nützen nichts, wenn wir sie übersehen und den richtigen Weg nicht gehen. Aber Gott hat uns versprochen, dass Er uns trotz allem nicht verlässt: ‚Ich will dich nicht verlassen; und ich lasse dich nicht fallen‘ – das ist das große Versprechen, das Gott uns für das neue Jahr gibt. Und diese Zusage Gottes, dass Er trotz allem bei uns bleibt, trotz des Tanzes um das Goldene Kalb, trotz unserer Halsstarrigkeit und unserer Eigenwilligkeit – die nehmen wir mit in das neue Jahr. Amen.

Fürbitten

Ewiger Gott,
damit wir den Weg durch die Zeit finden,
hast Du uns Wegzeichen gegeben:
Deine Zehn Gebote,
die den Israeliten den Weg in die Freiheit weisen sollten.

Vergib uns, dass wir immer wieder vom Weg abkommen
und nicht an Dich denken und an Deine Ewigkeit,
sondern immer nur an den Moment
und an uns selber.

Gib uns Kraft und Mut,
im neuen Jahr einzustehen
für das, woran wir glauben:
Für Frieden und Gerechtigkeit überall auf der Welt,
für gute Regierungen in Stadt und Land und dafür,
dass unsere Mitmenschen glücklich werden können.

Wir bitten Dich auch für Deine Kirche:
Lehre unsere Konfirmandinnen und Konfirmanden
nicht nur, die Zehn Gebote auswendig zu lernen,
sondern zeige Dich ihnen als der Lebendige,
der uns vergibt und zurechtbringt.

Wir danken Dir,
dass Du in der Gestalt Deines Sohnes Jesus Christus
mit uns gehst von Jahr zu Jahr
und beten, wie er es uns beigebracht hat:...

1. Sonntag nach Epiphanias: 1. Korinther 1,26-31 (GN)

Wer ist auserwählt?

Gehalten am 8.1. 2006 in Lägerdorf*

Liebe Gemeinde,

wer ist auserwählt? – Adolf Hitler, der „größte Feldherr aller Zeiten", der hat das immer von sich gesagt: „Ich bin von der Vorsehung dazu auserwählt worden, das Deutsche Volk zu seiner alten Größe zurück zu führen" – so oder ähnlich unsinnig hat er sich geäußert. Ich habe den Eindruck, dass alle, die den Beinamen „der Große" tragen, alle, die sich als große Feldherren hervorgetan haben, alles andere als auserwählt waren – jedenfalls nicht von Gott.

Wenn wir in die Bibel gucken, stellen wir fest, dass es ganz andere Menschen sind, die Gott sich aussucht, um mit ihrer Hilfe hier auf der Erde Sein Werk zu tun. Das waren Menschen wie zum Beispiel Mose. Ihr kennt wahrscheinlich die Geschichte, wie er als kleines Kind in den Nil geworfen wurde, damit die Soldaten des Pharao ihn nicht ermorden. Er wurde dann von einer Prinzessin gefunden und wuchs am Hof des Pharao auf und musste am Ende das Land verlassen, weil er als Totschläger gesucht wurde.

Mose war Schafhirte und hütete die Herde seines Schwiegervaters. Richtig gut reden konnte er nicht, schon deshalb, weil er einen kleinen Sprachfehler hatte. Zu diesem Mose sagt Gott: „Geh nach Ägypten und sag zum Pharao: ‚Lass mein Volk gehen'. Dieser als Verbrecher gesuchte schwache Mensch mit seinem Sprachfehler, ein Totschläger, bekommt von Gott einen Auftrag – und er hat ihn erfüllt!

Oder nehmen wir David. Die Geschichte kennt ihr wahrscheinlich auch: David gegen Goliath. Der kleine Schafhirte, den seine großen Brüder nicht für voll nehmen, weil er ja noch viel zu klein ist, um in einen ordentlichen Krieg zu ziehen. Aber groß genug ist er, um auf die Herde aufzupassen und mit seiner Schleuder den Löwen und den Bären zu verjagen – das kann er! Und was er auch kann ist, den Riesen Goliath zur Strecke zu bringen.

David: Ein Mensch mit vielen Fehlern, wie sich herausstellt. Nachdem König Saul ihn vom Hof verbannt hatte, da hat er eine Gang gegründet, eine Gruppe von Outlaws, würde man heute sagen. Das waren Gesetzlose, die in den Bergen hausten und Schutzgelder erpressten: „Wir machen dir ein Angebot, das du nicht ablehnen kannst: Du beteiligst uns mit 10 Prozent an all deinen Geschäften; und wir sorgen dann dafür, dass dir nicht ein bedauerlicher Unfall zustößt".

So einer wurde später König von Israel und bekam durch den Propheten Natan die Verheißung, dass auf seinem Thron einmal der sitzen würde, der die Welt gerecht und für immer regieren würde – mit Frieden, Einsicht und Weisheit. Diese Prophezeiung hat sich erfüllt: Wir haben ja gerade Weihnachten gefeiert: Die Geburt des Sohnes, der David verheißen war. Sein Nachkomme ist zur Welt gekommen: In einem Stall, in einer schäbigen Futterkrippe hat er gelegen und wie jedes kleine Baby geschrien nach seiner Muttermilch – und in die Windeln gemacht.

Den hat Gott auserwählt. Zu dem hat Gott gesagt: „Du bist mein geliebter Sohn. Du sollst die Welt wieder in Ordnung bringen". Und Jesus selbst? – Auch er hat Menschen auserwählt; in seine Nachfolge berufen; und das waren keine Großen, keine Mächtigen. Er ist nicht zum Bürgermeister gegangen und hat zu dem gesagt: „Komm mit". Gegangen ist er zu den Fischern am See Genezareth; zu einem, der an der Zollschranke gesessen und für die Römer Zölle eingenommen hat. Er hat Leute auserwählt, die in ihrer Zeit kein großes Ansehen genossen.

Ganz zuletzt, als Jesus schon gestorben und auferstanden war, da hat er noch einen zum Apostel berufen: Paulus. Das war eigentlich auch so einer, der nicht viel hermachte: Ein frommer Jude, ein Pharisäer sogar; einer, der die Christen verfolgt hat und ganz strikt gegen diese neue Religion gewesen ist. Einer, der nicht ganz gesund war, wie wir aus seinen Briefen wissen: Er hatte hin und wieder epileptische Anfälle, was ihn sein Leben lang behindert hat. Von Beruf war er Zeltmacher, also ein Handwerker. Den hat der Auferstandene berufen und zum Apostel erwählt. Aus seinem ersten Brief an die Korinther hören wir nun den Predigttext:

> *Schaut doch euch selbst an, Brüder und Schwestern! Wen hat Gott denn da berufen? Es gibt ja nicht viele unter euch, die nach menschlichen Maßstäben klug oder einflussreich sind oder aus einer angesehenen Familie stammen.*
>
> *Gott hat sich vielmehr in der Welt die Einfältigen und Machtlosen ausgesucht, um die Klugen und Mächtigen zu demütigen. Er hat sich die Geringen und Verachteten ausgesucht, die nichts gelten, denn er wollte die zu nichts machen, die in der Welt etwas sind. Niemand soll sich vor Gott rühmen können. Euch aber hat Gott zur Gemeinschaft mit Jesus Christus berufen. Mit ihm hat er uns alles geschenkt: Er ist unsere Weisheit - die wahre Weisheit, die von Gott kommt. Durch ihn können wir vor Gott als gerecht bestehen. Durch ihn hat Gott uns zu seinem heiligen Volk gemacht und von unserer Schuld befreit. Es sollte so kommen, wie es in den Heiligen Schriften steht: »Wer sich mit etwas rühmen will, soll sich mit dem rühmen, was der Herr getan hat.«*

Gott hat euch berufen zur Gemeinschaft mit Jesus Christus. Wer ist auserwählt? Wer ist berufen? – Jeder von uns! Du bist berufen; Sie sind auserwählt. Jeder Einzelne von uns ist von Gott gerufen worden. Wann hat Gott Dich denn gerufen? Wann hat Er deinen Namen gerufen und gesagt: „Du bist mein – du gehörst zu mir“? Wann war das?

Richtig: Als du getauft wurdest! Weißt du noch? „Ich habe dich bei deinem Namen gerufen“, hat Gott zu dir gesagt. Er kennt dich. Er weiß, wer du bist und traut dir etwas zu. Zu jedem von uns hat Er das gesagt: „Ich bin bei euch – alle Tage, bis zum Ende der Welt“.

Und das, liebe Gemeinde, das heißt es, erwählt zu sein – auserwählt zu sein: Wir dürfen den Namen von Jesus Christus tragen. Wir dürfen uns Christinnen und Christen nennen. Wir sind seine Gemeinde; wir gehören zu ihm. Wenn Gott jemanden auserwählt, dann heißt das: „Du gehörst zu mir“ oder, um mit Paulus ein Wort aus der Bibel zu gebrauchen: „Du bist heilig“. Alles, was zu Gott gehört, ist heilig. Dann sind wir, die wir von Ihm gerufen wurden, Seine Heiligen.

Nun wirst du vielleicht sagen: „Wieso heilig? So fromm bin ich doch gar nicht – oder gar so untadelig, dass man mich „heilig“ nennen könnte!“. Doch: Das bist du! Denn Gott hat dich auch gerecht gemacht. Er weiß, dass du Vieles falsch gemacht hast. Er weiß, dass du Vieles nicht kannst; dass du dich ganz oft auch mal irrst. Trotzdem liebt Er dich so, wie ein Vater seine Kinder liebt. Ihm bist du recht – so, wie du bist. Er spricht dich gerecht.

Alles das. was für unser Leben wichtig ist, kommt von Gott – und nicht aus uns selbst. Es kommt nicht aus der Macht der Gewehrläufe; kommt nicht von den Großen Feldherrn; kommt nicht von den Herrschenden dieser Welt, sondern es kommt von Gott. Das, was wirklich zählt, ist von Ihm: Weisheit zum Beispiel, die wirkliche Weisheit, die darin besteht zu erkennen, dass es mit uns nicht so weit her ist, dass wir eben Sünder sind und es auch bleiben – und trotzdem zu Gott gehören dürfen; ganz und gar; als Sein heiliges Volk: Das Volk, das Er sich auserwählt hat.

Das ist die wirkliche Weisheit: Zu erkennen, dass wir nur zusammen, als ‚Gemeinschaft der Heiligen', etwas sind. Jeder Einzelne, der meint, er wäre was, er wäre auswählt, der irrt sich. Der wird sterben und untergehen, so wie alle Großen dieser Welt. Das, was bleibt und was in Ewigkeit Bestand hat, das ist die Gemeinschaft mit Gott, die Gemeinschaft der Heiligen, zu der wir auserwählt worden sind.

Das griechisch-römische Wort für „die Auserwählten" heißt „ecclesia". Wörtlich bedeutet das: „Diejenigen, die Gott aus der Masse aller Menschen herausgerufen hat". Aus diesem Wort „Ecclesia" ist das deutsche Wort „Kirche" geworden: Wir als Kirche sind die Menschen, die Gott sich ausgesucht hat, um Sein Werk heute zu tun. Tun wir's doch auch! Trauen wir uns doch etwas zu! Wir sind doch wer – auch wenn alle Anderen sagen: „Du spinnst doch, wenn du freiwillig zur Kirche gehst"; auch wenn sie sagen: „Was willst du da denn?".

Jeder Einzelne von uns kann etwas bewirken: Nicht nur der Pastor ist auserwählt. Der Bürgermeister ist es auch nicht allein; nicht der Feuerwehrhauptmann oder wer auch immer, sondern wir – als diejenigen, die getauft sind. Wir sollen Gottes Werk tun; sollen dafür sorgen, dass kein Mensch mehr verzweifelt ist, kein Mensch mehr hungern muss, keiner das Gefühl haben muss, ausgegrenzt zu sein.

Wir sollten unsere Türen öffnen für den, der eingezogen ist am Heiligen Abend – für den, der von Gott auserwählt wurde, Sein Sohn zu sein und der zu uns sagt, dass wir seine Geschwister sind. Amen.

Fürbitten

Lieber Vater im Himmel,
Du hast uns auserwählt, Deine Kinder sein zu dürfen.
Das ist Gabe und Anspruch zugleich.

Wir danken dir,
dass Du uns mit Deinem Geist beschenkt hast
und uns die Augen öffnest.

Durch Deinen Sohn sind wir weise geworden.
Wir wissen jetzt, wie wir vor Dir bestehen können.
Du hast uns geheiligt
und von der Sünde erlöst.

Wir bitten Dich:
Lass uns diesem Anspruch gerecht werden!
Wir, die wir auf den Namen Deines Christus getauft sind,
sollen das Werk fortführen,
das er begonnen hat.
Doch lieber verkriechen wir uns
in unseren sicheren Häusern
und wagen uns nicht aus der Deckung,
weil die Welt so feindlich ist
zu denen, die Du auserwählt hast.

Gib uns Kraft und Mut,
dass wir uns zu unserem Glauben bekennen können
und dafür eintreten,
dass die Rechtlosen zu ihrem Recht kommen,
die Schweigenden zu Wort,
dass die Kleinen groß rauskommen
und niemand mehr das Gefühl haben muss,
Du hättest ihn übersehen.
Gemeinsam beten wir, wie wir es von Jesus gelernt haben:…

2. Sonntag nach Epiphanias: 1. Korinther 2,1-10

Was ist Wahrheit?

Gehalten am 17. Januar 1988 in Lägerdorf

***Predigttext** (Luther 84):*

Als ich zu euch kam, kam ich nicht mit hohen Worten und hoher Weisheit, euch das Geheimnis Gottes zu verkündigen. Denn ich hielt es für richtig, unter euch nichts zu wissen als allein Jesus Christus, den Gekreuzigten. Und ich war bei euch in Schwachheit und in Furcht und mit großem Zittern; und mein Wort und meine Predigt geschahen nicht mit überredenden Worten menschlicher Weisheit, sondern in Erweisung des Geistes und der Kraft, damit euer Glaube nicht stehe auf Menschenweisheit, sondern auf Gottes Kraft.

Wovon wir aber reden, das ist dennoch Weisheit bei den Vollkommenen; nicht eine Weisheit dieser Welt, auch nicht der Herrscher dieser Welt, die vergehen. Sondern wir reden von der Weisheit Gottes, die im Geheimnis verborgen ist, die Gott vorherbestimmt hat vor aller Zeit zu unserer Herrlichkeit, die keiner von den Herrschern dieser Welt erkannt hat; denn wenn sie die erkannt hätten, so hätten sie den Herrn der Herrlichkeit nicht gekreuzigt. Sondern es ist gekommen, wie geschrieben steht (Jesaja 64, 3): »Was kein Auge gesehen hat und kein Ohr gehört hat und in keines Menschen Herz gekommen ist, was Gott bereitet hat denen, die ihn lieben.« -Uns aber hat es Gott offenbart durch seinen Geist; denn der Geist erforscht alle Dinge, auch die Tiefen der Gottheit.

Liebe Gemeinde,

es gab eine Zeit in meinem Leben, da habe ich verzweifelt nach der Wahrheit gesucht - nach der Wahrheit und dem Sinn des Lebens. Zu der Zeit wuchs ich nach und nach in die Welt der Erwachsenen hinein, und ich merkte: Da fühlte ich mich nicht wohl. Denn je mehr ich in diese Erwachsenenwelt hineinwuchs, desto sehr wurde ich gewahr: Das ist eine Scheinwelt; aufgebaut auf Lug und Trug.

Als Kind bin ich immer wieder mit erheblicher Strenge ermahnt worden: "Bleib bei der Wahrheit! Lügen haben kurze Beine! Wer einmal lügt, dem glaubt man nicht." Und dann kam ich dahinter, daß dieselben Erwachsenen ständig die Unwahrheit sagten. "Die Weihnachtsgeschenke bringt der Weihnachtsmann; die Kinder kommen vom Klapperstorch" so sagten sie, oder einfach: "ich bin nicht da", wenn das Telefon klingelte.

Ich habe zeitlebens großen Wert auf Anstand gelegt und auf Treue, weil mir das von den Erwachsenen so beigebracht worden ist. Umso mehr hat es mich damals erschüttert, daß es in den sogenannten besseren Kreisen zum guten Ton dazu gehörte, mindestens ein oder zwei Verhältnisse nebenbei zu haben.

Meine Eltern haben mir beigebracht, daß alle Menschen gleich sind vor Gott, und daß es keinen Unterschied macht, wo einer herkommt oder wie er aussieht. Und doch haben sie heute noch Schwierigkeiten, wenn sie auf einer Gesellschaft jemanden sehen, der lange Haare hat oder - noch schlimmer, - keinen Schlips um.

Mit jedem dieser Widersprüche, die mir nach und nach bewußt wurden, brach in mir Stuck für Stück eine Welt zusammen. Die Welt, in der ich zu leben glaubte, die heile Welt, in der alles wohlgeordnet war und jedes Ding an seinem Ort, in der passenden Schublade -ich mußte erkennen, daß es sie nicht gab. Diese allgegenwärtige Heuchelei, auf die ich damals stieß, - sie hat mich zutiefst angewidert. Ich konnte da ja auch noch nicht wissen, daß ich selber von alldem auch nicht ganz frei bleiben würde.

Diese Unwahrhaftigkeit ließ mich bald an allem und an jedem zweifeln, ja sogar verzweifeln. An Gott habe ich bald genauso wenig geglaubt wie an den Osterhasen, und die Kirche - das war für mich immer so etwas Altmodisches von vorgestern. Und nach und nach wurde mir alles egal, was früher für mich wichtig gewesen war.

Das ganze Leben kam mir schließlich wie ein Spiel vor - ein ziemlich blödes Spiel, in dem auch noch die Karten falsch gemischt waren! Ich fragte mich, wozu ich da eigentlich noch mitspielen sollte. Das ist der Grund, liebe Gemeinde, warum ich mich damals auf die Suche nach der Wahrheit gemacht habe. Ich wollte herausfinden, ob es nicht doch etwas gibt, das die Welt im Innersten zusammenhält, ich habe nach einem Grund gesucht für mein Leben - einem Grund, der wirklich fest steht und trägt und der nicht der Mode unterworfen ist.

Ja, und dann habe ich gesucht und gesucht: An den unmöglichsten Ecken und Enden, wo immer ich nur im Entferntesten annehmen durfte, daß mir dort einer den Sinn des Lebens erklären könnte. Das heißt, zuerst habe ich versucht, diese Frage im Alkohol zu ersäufen.

Und dann bin ich meinen schönen und hochgebildeten Klassenkameraden auf den Wecker gegangen: Auf jeder zweiten Fete habe ich sie in nächtelange Gespräche verwickelt, die aber meist doch ohne Ergebnis blieben. Dann habe ich mich mit Sekten und Freikirchen beschäftigt; bin zu großen Evangelisationsveranstaltungen gegangen und habe die Lehren erleuchteter Gurus studiert - ohne Erfolg.

Dann schließlich habe ich die Philosophen der Neuzeit befragt, und vor allem auch die alten Griechen. Aber ich habe nichts gefunden, das über den einen Satz des weisen Sokrates hinausgeht: "Ich weiß, daß ich nichts weiß“ - über Gott und den Himmel und über all das, was über diese Welt hinausgeht. Da wurde mir klar: All die großen Gurus mit ihren Rauschebärten und ihren Rolls-Royces; all die selbsternannten Propheten und all die Leute, die immer so genau über Gott Bescheid wissen - sie alle machen uns nur etwas vor. Auch sie streuen uns nur Sand in die Augen. "Was kein Auge gesehen hat und was kein Ohr je gehört" - das kann eben auch kein einziger Mensch wirklich wissen. Keiner.

Nach alldem empfinde ich es wirklich als wohltuend, wenn hier der Apostel Paulus schreibt: "*Ich hielt es für richtig, unter euch nichts zu wissen*". Nichts, außer: "Jesus war der Christus, der Heiland der Welt, und den habt ihr gekreuzigt". So spricht kein erleuchteter Guru. Hier kommt keiner von den Scharlatanen, die mit großem Gefolge durch die Welt ziehen, um den Leuten mit ihrem guten Aussehen das Geld aus der Tasche zu ziehen.

Hier kommt einer, der glaubwürdig redet. Er kommt zu Fuß, in "*Schwachheit und in Furcht und mit großem Zittern*", und er redet nicht wie einer, der etwas verkaufen will: Nicht wie ein Waschmittelverkäufer, und schon gar nicht so wie ein Universitätsprofessor. Er will keine großen Worte machen oder mit seinem Wissen glänzen nein, er sagt: "ich weiß, daß ich nichts weiß".

Und doch ist das, was er verkündigt, weise. .Allerdings hat diese Art von Weisheit nichts mit menschlichem Wissen zu tun. Unser Verstand ist zu klein, unser Wissen zu beschränkt, um sie zu erfassen. Diese Art von Weisheit ist nur mit dem Herzen zu erfahren. Sie kommt aus der Erfahrung eines sinnerfüllten Lebens; sie kommt aus dem Glauben an Jesus, den Christus.

Diesen Glauben hat Gott mir geschenkt. Er hat mich dadurch nicht vom Zweifel befreit, aber von der Verzweiflung. Er nimmt mir nicht die bohrenden Fragen ab, aber er hat mich erlöst von dem Zwang, sie um jeden Preis selbst beantworten zu müssen. An die Stelle der Sinnlosigkeit ist eine neue Art von Gewißheit getreten: Ich weiß, daß ich nichts weiß. Aber ich kann glauben, lieben und hoffen. Ich weiß , daß mein Erlöser lebt!

Dieser Erlöser ist in einem Stall zur Welt gekommen. Er hat wie alle Menschen gelebt und geliebt und gelacht - und er hat unter dieser Welt gelitten: Vor allem den Pharisäern und den anderen Schriftgelehrten, die den Leuten immer weismachen wollten, sie wüßten alles über Gott. Vor allem ihnen hat er den Spiegel vorgehalten. "Ihr Heuchler, ihr Otterngezücht", hat er zu ihnen gesagt.

Und er hat nicht nur leere Worte gemacht. Er hat zu seinem Wort gestanden und hat sich dabei behaften lassen. Schließlich hat er sich dafür verhaften lassen und ist für die Wahrheit in den Tod gegangen. Aber er war anders als all die anderen, die auch für sich in Anspruch nahmen, sie hätten die Wahrheit gepachtet: Die anderen sind tot und begraben, oder sie werden einmal sterben, und irgendwann werden sie vergessen sein für immer. Ihre Wahrheit wird von neuen Wahrheiten abgelöst werden.

Jesus aber lebt. Er lebt, und wir sind sein lebendiger Leib. Wo Zwei oder Drei in seinem Namen zusammen sind, da lebt er. Wo diese Zwei oder Drei in ihrem Leben einen neuen Sinn entdecken, da ist sein Geist am Werke. Und wo schließlich diese Zwei oder Drei in diesem Geiste sich auf den Weg der Liebe machen, den. Jesus vorangegangen ist, wenn sie sich für die Gerechtigkeit einsetzen und für den Frieden in der Welt bereit sind zu leiden, da wird für sie die Suche nach der Wahrheit ihr Ziel gefunden haben. Jesus Christus spricht: "Ich bin der Weg und die Wahrheit und das Leben". Amen.

Fürbitten

Lieber Gott,
wir wissen, dass wir nichts wissen
über Dich und den Himmel und die Ewigkeit.
Darum bitten wir Dich:
Schenke uns einen starken Glauben,
aus dem wir leben
und glücklich werden können.

Gegen die vergängliche Weisheit
der falschen Propheten
lass uns festhalten an dem, was bleibt:
Deiner großen Liebe.

Wir bitten für Deine Kirche:
Lass uns dieser Liebe glaubhaft Gestalt verleihen,
wie Dein Sohn es tat.
Mach uns zu einer Gemeinschaft,
die in Deinem Geist lebt.

Für unsere Welt bitten wir:
Lass die Erkenntnis wachsen,
dass niemand allein im Besitz der Wahrheit ist,
damit endlich die Völker und Religionen
in Frieden miteinander leben können.

Gib den Regierenden Einsicht und Geduld,
damit sie Lösungen finden können,
die auch nach der nächsten Wahl noch Bestand haben
und dem Wohl unserer Mitmenschen dienen.

Damit einst die Welt nach Deinem Willen regiert wird,
beten wir mit den Worten,
die Jesus uns beigebracht hat:...

Letzter Sonntag nach Epiphanias: *Offenbarung des Johannes 1, 9-18*

Wie sieht Gott aus?

Gehalten am 24. Januar 1988 in Lägerdorf

***Predigttext** (Luther 84):*

Ich, Johannes, euer Bruder und Mitgenosse an der Bedrängnis und am Reich und an der Geduld in Jesus, war auf der Insel, die Patmos heißt, um des Wortes Gottes willen und des Zeugnisses von Jesus. Ich wurde vom Geist ergriffen am Tag des Herrn und hörte hinter mir eine große Stimme wie von einer Posaune, die sprach: Was du siehst, das schreibe in ein Buch und sende es an die sieben Gemeinden: nach Ephesus und nach Smyrna und nach Pergamon und nach Thyatira und nach Sardes und nach Philadelphia und nach Laodizea.

Und ich wandte mich um, zu sehen nach der Stimme, die mit mir redete. Und als ich mich umwandte, sah ich sieben goldene Leuchter und mitten unter den Leuchtern einen, der war einem Menschensohn gleich, angetan mit einem langen Gewand und gegürtet um die Brust mit einem goldenen Gürtel. Sein Haupt aber und sein Haar war weiß wie weiße Wolle, wie der Schnee, und seine Augen wie eine Feuerflamme und seine Füße wie Golderz, das im Ofen glüht, und seine Stimme wie großes Wasserrauschen; und er hatte sieben Sterne in seiner rechten Hand, und aus seinem Munde ging ein scharfes, zweischneidiges Schwert, und sein Angesicht leuchtete, wie die Sonne scheint in ihrer Macht. Und als ich ihn sah, fiel ich zu seinen Füßen wie tot; und er legte seine rechte Hand auf mich und sprach zu mir: Fürchte dich nicht! Ich bin der Erste und der Letzte und der Lebendige. Ich war tot, und siehe, ich bin lebendig von Ewigkeit zu Ewigkeit und habe die Schlüssel des Todes und der Hölle.

Liebe Gemeinde,
Johannes hat Gott gesehen. "Was", sagen Sie, "das geht doch gar nicht!". Natürlich haben Sie Recht. Unseren Gott kann man nicht sehen - jedenfalls nicht mit unseren Augen. Unseren Gott kann man nicht begreifen -jedenfalls nicht mit unseren Händen. Unseren Gott kann man nicht verstehen - jedenfalls nicht mit unserem Verstand.

Unsere Phantasie reicht nicht aus, um sich Gott so vorzustellen, wie er wirklich ist: Größer als dieses ganze Weltall, das er geschaffen hat - unendlich, ewig, allmächtig Weil das so ist, steht in der Bibel neben den 10 Geboten auch dieses Gebot: „Du sollst dir kein Bildnis machen noch irgendein Gleichnis und das dann anbeten". Ein Gott, den man genau beschreiben könnte oder den man wie auf einem Photo abbilden könnte, das wäre nichts weiter als wieder nur ein Produkt unserer Phantasie - nichts als ein von Menschenhand gemachter Götze.

Unseren Gott kann man nicht sehen. Und doch - Johannes hat Gott gesehen. Gott hat ihm eine große Gnade erwiesen, wie sie nur Propheten zuteilwird: Er ist ihm erschienen. Natürlich hat Er sich ihm nicht so gezeigt, wie er wirklich ist. Denn, wie gesagt, das könnte ein Mensch nicht fassen. Aber er hat sich ihm in einer Vision geoffenbart, in einem Sinnbild.

Johannes hat Gott gesehen wie einen Menschensohn, angetan mit einem langen Gewand und gegürtet um die Brust mit einem goldenen Gürtel. Sein Haupt aber und sein Haar war weiß , und sein Angesicht leuchtete, wie die Sonne scheint in ihrer Macht. Diese Vision des Johannes steckt voll von mächtigen Symbolen und geheimnisvollen Andeutungen, die wir heute einfach nicht mehr verstehen können – und sie ist nicht unerheblich daran beteiligt; daß sich heute die meisten Menschen ein falsches Bild von Gott machen.

Wenn von Gott die Rede ist, dann haben wohl die meisten von uns noch aus Kindertagen das Bild vor Augen von dem alten Mann mit dem weißen Bart, der irgendwo ganz weit weg auf seiner Wolke sitzt. Dabei dürfen wir aber nie vergessen, daß das eben nur ein Bild ist und daß man sich von Gott kein Bildnis machen kann. Auch der Seher Johannes, der seine Vision aufgeschrieben und überliefert hat, wußte genau, daß Gott in Wirklichkeit natürlich nicht so aussieht, wie aus einem modernen Fantasy-Zeichentrickfilm, so wie He-Man von den Masters Of The Universe. Im Gegenteil: Wenn man genau hinsieht, dann besagt seine Vision eben nicht, daß Gott ganz weit weg ist von uns und unserer Alltagswelt.

Denn der Gott, der Johannes hier erscheint, der ist ein Mensch geworden und hat wie alle anderen Menschen an unserem alltäglichen Leben teilgenommen. Wir haben in der Zeit seit Weihnachten an der Geburt und an einigen wichtigen Stationen seines Lebens teilgenommen; und im Evangelium des heutigen Sonntags haben wir miterlebt, wie Johannes zusammen mit Petrus und Jakobus die Erfahrung gemacht hat, daß dieser eine Mensch so ganz anders war als alle anderen Menschen: Jesus aus Nazareth, der Sohn des Zimmerers Josef, mit dem sie durch ganz Palästina gezogen sind, der den Leuten das Evangelium gepredigt hat und von dem so viele sagten, er sei der ersehnte Messias, der Christus, dieser Jesus aus Nazareth war niemand anders als Gott selber!

Dieser Gott ist kein ferner Gott, nicht so unnahbar und so weit weg, wie wir immer gedacht haben. Er ist uns so nah, daß wir sogar mit ihm sprechen können - im Gebet zum Beispiel. Letzte Woche hat mich eine Konfirmandin gefragt: "Sagen Sie mal, glauben Sie denn wirklich, daß Gott Sie hört, wenn Sie zu ihm beten?" Da habe ich gesagt: "Na klar glaube ich das! Gott ist von uns nicht himmelweit entfernt. Er ist hier, mitten unter uns".

Und davon bin ich überzeugt. Denn ich weiß: Dieser unfaßbare, unsichtbare, dieser ferne Gott hat für uns einen Namen bekommen: Jesus Christus. Jesus Christus spricht : "*Ich bin der erste und der Letzte und der Lebendige. Ich war tot, und siehe, ich bin lebendig von Ewigkeit zu Ewigkeit*". Das ist die frohe Botschaft von Ostern: Jesus Christus lebt! Er lebt, und zwar in einem neuen, verklärten Leibe. Und dieser neue Leib, der Leib Christi, das sind wir: Durch die Taufe sind wir alle Glieder an seinem Leib geworden, und nichts und niemand kann uns jemals wieder von ihm trennen.

Gott hört uns. Denn unsere Ohren sind die Ohren von Jesus Christus. Gott sieht uns. Denn unsere Augen sind die Augen von Jesus Christus. Gott fühlt mit uns. Denn in unserer Brust schlägt das Herz von Jesus Christus. Gott ist von uns genausoweit entfernt wie unser Nächster; und er wird uns eines Tages nicht etwa fragen, wie fromm wir gewesen sind oder wie oft wir in der Kirche waren, sondern er wird uns danach beurteilen, wie wir mit unserem Nächsten umgegangen sind. Und dann wird er sagen: "Was ihr getan habt einem von diesen unter meinen geringsten Brüdern, das habt ihr mir getan"!

Jesus Christus ist Gott, und wenn wir diesem lebendigen Gott dienen wollen, dann müssen wir unserem Nächsten dienen. "Ja, aber wer ist denn mein Nächster?" Diese klassische Frage aus dem Lukas-Evangelium läßt sich leicht beantworten: Wer mit offenen Augen durch unseren Ort geht, der wird ihn schon sehen, seinen Nächsten. Es gibt hier in Lägerdorf kinderreiche Familien, die von der Sozialhilfe leben müssen und alleinstehende Mütter, die nicht wissen, wie sie ihre Kinder ernähren sollen. Es gibt drei Heime und ungezählte Privatwohnungen, in denen alte und einsame Menschen wohnen, die nur darauf warten, daß sie einmal von jüngeren Leuten besucht werden - nicht nur an ihrem Geburtstag.

Und in der vergangenen Woche bin ich bei einem alten Mann gewesen, der fast schon zum Skelett abgemagert war, weil sich niemand mehr um ihn gekümmert hat. Sein Vermieter hat das gerade noch rechtzeitig gemerkt und päppelt ihn jetzt wieder hoch - mit warmer Suppe und mit menschlicher Zuneigung. Und der hat zu mir gesagt: "Wissen Sie, manchmal weiß ich gar nicht, wozu ich das hier eigentlich noch alles mache. Für den hier ist kein Mensch zuständig. Ja, wenn einer noch mitten im Leben steht, dann kommen sie alle, zumindest an seinem Geburtstag, und lassen sich mit ihm photographieren. Andere werden einfach ins Heim abgeschoben. Aber bei dem hier ist wohl auch das noch zu teuer. Also, wenn sich hier so gar keiner sehen läßt und mir nicht wenigstens ein bißchen moralische Unterstützung gibt, dann weiß ich bald nicht mehr, für wen ich das eigentlich tue"[1].

Da hab ich mir nur gedacht: "Wir wissen beide ganz genau, für wen er das tut. Er tut es für unseren Herrn Jesus Christus". Und wenn noch mehr Menschen so handeln würden wie dieser eine; wenn eines Tages alle Christen auf der ganzen Welt sich nicht nur als passive Glieder am Leib Christi betragen würden, dann bräuchten wir von diesem Tage ab keine einsamen Visionen mehr, um uns Gott vorstellen zu können. Dann würden wir ihn sehen - so wie er wirklich ist. Amen.

Fürbitten

Lieber Vater im Himmel,
kein Mensch kann Dich sehen,
wie Du wirklich bist.
Um Dich zu begreifen, müssten wir selbst sein wie Du.
Stattdessen bist Du selbst geworden wie wir.

[1] Als Reaktion auf diese Predigt haben sich mehrere Gemeindeglieder gefunden, die dem alten Mann geholfen haben.

Wir bitten Dich:
Hilf uns, den Mitmenschen so sehen,
als würdest Du uns in ihm begegnen.
Verwandle uns,
Deine Kirche hier auf der Erde
und besonders in der Kirchengemeinde Lägerdorf,
in den Leib Deines auferstandenen Sohnes,
damit wir Dich begreifbar machen können.

Gib den Regierenden in den Ländern der Erde
einen neuen Sinn,
damit das Gesicht unserer Welt menschlicher wird.
Aber lass uns nicht warten,
bis die Politik sich auf ihre Pflichten besinnt,
sondern selbst dafür sorgen,
dass niemand mehr allein gelassen wird.

Auch wenn wir wissen,
dass wir den Himmel nicht auf die Erde holen können,
bitten wir Dich doch,
dass unsere Welt hin und wieder
einen Abglanz des Himmels zu sehen bekomme,
bis einst überall Dein Wille geschieht.

Bis es soweit ist, beten wir die Worte,
die uns von Jesus überliefert sind:...

Septuagesimae: Jeremia 9, 22-23

Wer hat den Stein der Weisen?

Gehalten am 12. Februar 2005 in Lägerdorf*

Liebe Gemeinde,
wer hat den Stein der Weisen gefunden? – Schade, dass keiner von uns ihn hat: Dann wären wir doch ein ganzes Stück klüger und hätten die Lösung für alle Probleme, mit denen wir uns im Kirchenvorstand herumärgern müssen – und auch Geldsorgen hätten wir dann nicht mehr! Aber wer ihn denn dann gefunden? Ach ja, richtig: Harry Potter war es!

Aber was genau ist denn nun der Stein der Weisen? Harry Potter wusste das auch noch nicht, als er in seinem ersten Jahr als Zauberlehrling nach Hogwards kam, auf die berühmte Schule für Hexerei und Zauberei. Aber dank seiner Freundin Hermine hat er es herausgefunden. Sie bringt ihm ein altes Buch; und darin steht: „Die alte Wissenschaft befasst sich mit der Herstellung des Steins der Weisen; eines sagenhaften Stoffes mit erstaunlichen Kräften. Er verwandelt jedes Metall in reines Gold. Auch zeugt er das Elixier des Lebens, welches den, der es trinkt, unsterblich macht. Im Laufe der Jahrhunderte gab es viele Berichte über den Stein der Weisen; doch der einzige Stein, der heute noch existiert, gehört Mr. Nicolas Flamel, dem angesehenen Alchimisten und Opernliebhaber. Mr. Flamel, der im letzten Jahr seinen 665. Geburtstag feierte, erfreut sich eines ruhigen Lebens in Devon, zusammen mit seiner Frau Perinelle (658)“.

Aha: So ist das also mit dem Stein der Weisen – jedenfalls in der Vorstellungswelt von J.K. Rowling. Dieses „Elixier“, das in dem alten Zauberbuch vorkam, ist nichts anderes als der arabische Name für den Stein der Weisen. Wer den besitzt, der kann das Lebenselixier herstellen und kennt somit nicht nur das Geheimnis, wie man Gold herstellen kann, sondern weiß auch, wie man ewig leben kann – ohne dass man dafür sterben muss.

Heute haben wir weit gehend aufgehört, nach diesem Stein der Weisen zu suchen. Als Redensart kommt er hin und wieder noch mal vor – in dem Zusammenhang, wie ich es eingangs sagte: Wenn jemand die geniale Lösung hat für ein Problem, an dem alle anderen schon lange herumknobeln. Er ist also zum Inbegriff dafür geworden, dass jemand eine besondere, weiterführende Erkenntnis hat. Um eine solche Weisheit geht es auch in unserem heutigen Predigttext. Er steht beim Propheten Jeremia im 9. Kapitel:

> *So spricht der HErr: Der Weise rühme sich nicht seiner Weisheit, der Starke rühme sich nicht seiner Stärke, der Reiche rühme sich nicht seines Reichtums. Nein, wer sich rühmen will, rühme sich dessen, dass er Einsicht hat und mich erkennt, dass er weiß: Ich, der Herr, bin es, der auf der Erde Gnade, Recht und Gerechtigkeit schafft. Denn an solchen Menschen habe ich Gefallen, spricht der HErr.*

Jeremia hat also das Elixier gefunden, das Lebenselixier: Das, was uns lebendig macht und uns wirklich leben lässt – die letztgültige Weisheit. Und er schreibt, dieses Lebenselixier sei das „Rühmen". Wie bitte? Was?? Das Rühmen??? Was soll das denn bedeuten? – Dieses alte Wort „rühmen"; und schon gar „sich rühmen" ist fast schon aus unserem Sprachschatz verschwunden. Es gehört zu den „ollen Kamellen" der Sprachgeschichte. Kaum jemand benutzt es noch.

Das hat auch gute Gründe. In alten Zeiten wurde mit so wichtigen Begriffen wie „Ruhm" und „Ehre" Schindluder getrieben. Zu viele Menschen haben sterben müssen zu Ruhm und Ehre der Großen Führer der Geschichte. Ein anderer Grund ist, dass wir gelernt haben, es sei nicht fein, sich selbst zu rühmen. Wer will schließlich gern mit einem Angeber zu tun haben, der andauernd erzählt, wie schön und wie klug und wie weise er ist? Das ist auf Dauer unerträglich; und nicht zuletzt deshalb haben wir das Rühmen sein gelassen.

Wenn allerdings in der Bibel dieses Wort „rühmen“ benutzt wird, hat es noch eine dritte Bedeutung, die heute nicht mehr bekannt ist: Wenn ich mich mit etwas rühme, dann ist das etwas, worauf ich voll und ganz vertrauen kann. „Sich rühmen“ kann also auch heißen, sich auf etwas zu verlassen. Da zählt der Prophet drei Dinge auf, die ausgesprochen vergänglich sind und auf die man sich eher nicht verlassen sollte, wenn man auf der Suche nach dem wahren, dem ewigen Leben ist.

Der Weise rühme sich nicht seiner Weisheit. Weisheit ist dann nichts wert, wenn sie nicht auch mit Barmherzigkeit verbunden ist. Was nützt mir die ganze Klugheit dieser Welt, was nützt es mir, wenn ich den Stein der Weisen gefunden habe – und will ihn für mich behalten? Wenn ich nichts von dem mitteilen kann, weiß, macht mich das einsam – und unbarmherzig. Wer wirklich weise ist, sollte auch für seine Mitmenschen sorgen und sie teilhaben lassen an seiner Weisheit.

Das zweite, was der Prophet aufführt, ist Stärke. Bei den Olympischen Spielen kommt es darauf an: „Wer ist der Schnellste, wer ist der Stärkste, wer ist der Beste?“. Dabei bleiben alle die auf der Strecke, die halt ein bisschen langsamer sind; die nicht so schnell alles begreifen, die nicht so stark sind, dass sie sich mit ihren Ellbogen überall Gehör verschaffen können.

Zur Stärke, sagt der Prophet, muss immer auch das Recht kommen. Darum haben wir in unserer Kultur den Rechtsstaat geschaffen: Damit es bei uns nicht so zugeht wie im Wilden Westen, wo immer der gewinnt, der am schnellsten ziehen kann und wer es schafft, den anderen zu unterdrücken. Recht muss Recht bleiben, das gilt für alle: Gleiches Recht für jedermann!

Das dritte der Dinge, auf die man sich man sich nach den Worten des Propheten nicht verlassen sollte, das ist Reichtum. Die Menschen, die nach dem Stein der Weisen gesucht haben, suchten oft vor allem deshalb danach, weil sie unermesslich reich werden wollten. Ist ja klar: Wenn du Blei in Gold verwandeln kannst, dann bist du ein gemachter Mann. Geldsorgen hast du dann jedenfalls nicht mehr.

Aber macht denn Reichtum wirklich glücklich? Ist ein Reicher wirklich besser dran als ein Armer, der das bisschen Geld, das er hat, wenigstens rechtmäßig verdient hat? Reichtum kann einem nur so durch die Hände gleiten. Er bewirkt gar nichts; hilft dir für dein Leben kein bisschen, wenn er nicht zugleich einhergeht mit Gerechtigkeit. In der Bibel bedeutet „Gerechtigkeit“, dass jeder Mensch das bekommt, was er zum Leben braucht – unser „tägliches Brot“. Das, was du nötig hast, sollst du bekommen. Und mehr als das – ein bisschen Spaß, ein gutes Leben, das, was zum Leben und zum Glück nötig ist – mehr als das braucht doch niemand!

Jeremia sagt, woher wir das Glück bekommen und was wirklich weise ist. Er sagt dem Weisen: Auf deine Weisheit brauchst du dir nichts einzubilden, denn die hast du geschenkt bekommen – von Gott. Zum Starken sagt er: Du wärst nichts, hättest kein bisschen Kraft in dir, wenn Gott es dir nicht gegeben hätte. Und zum Reichen sagt er: Glaub nicht, dass du deinen ganzen Reichtum dir selbst verdankst - der Arbeit, die du darein gesteckt hast, vielleicht auch den kleinen Betrügereien, mit denen du dein Geld vermehrt hast! Wenn jemand etwas hat, dann ist es ihm gegeben – letzten Endes von Gott.

Von Gott kommen Barmherzigkeit und Gnade; Recht und Gerechtigkeit – das sind die Dinge, die Gott uns schenkt. Das ist, was wir zum Leben brauchen; das ist, worauf wir uns verlassen sollten. Das ist das wahre Lebenselixier.

Harry Potter hat den Stein der Weisen gefunden. Wisst ihr noch, wo er versteckt war? Harry fand ihn in einem Spiegel, einem Zauberspiegel natürlich. Dieser Spiegel zeigt nicht, was vor ihm zu sehen ist, sondern das, was die Person, die hineinblickt, sich am meisten wünscht. In diesem Spiegel hatte Professor Dumbledore den Stein der Weisen versteckt – und zwar so, dass nur derjenige ihn finden kann, der ihn auch finden will, ihm aber nicht für sich selbst benutzen will. Damit war er vor Allen sicher, die damit nur Böses angestellt hätten, weil sie nur an sich selber denken und ewig leben wollten, oder reich und mächtig werden.

Auch Jeremia hat den Stein der Weisen entdeckt – lange vor dem Zauberlehrling aus Hogwards. Er sagt uns, wir können ihn nur dann haben, wenn wir uns von Gott beschenken lassen – mit all dem, was wir zum Leben brauchen. Und Jesus Christus hat den Stein der Weisen gehabt. Von ihm wissen wir, wie wir tatsächlich ewiges Leben bekommen: Indem wir unser eigenes Leben opfern und es in den Dienst stellen für unseren Schöpfer. Wer sich Seiner rühmt und dem Nächsten dient, wird ewig leben in der Gegenwart des lebendigen Gottes. Amen.

Fürbitten

Lieber Gott,
den Stein der Weisen haben wir nicht entdeckt.
wir wissen nicht, wie man Blei zu Gold verwandelt
und wie wir unsterblich werden.
Durch Deinen Propheten hast Du uns aber gesagt,
was wahrer Reichtum ist, und Stärke und Weisheit.
Und von Deinem Sohn Jesus Christus wissen wir,
wie wir das ewige Leben erlangen,
das Leben in Deinem Geist.
Wir danken Dir,
dass Du uns diese Geheimnisse offenbart hast,
und bitten Dich:

Lass alles, was wir tun,
zu Deinem Ruhm und Dir zu Ehren geschehen.
Den Weisen schenke Barmherzigkeit,
damit sie ihre Weisheit
im Dienst am Nächsten einsetzen.

Den Starken und Mächtigen unserer Welt
gib nicht nur Waffen in die Hand,
sondern vor allem ein Gespür für das Recht,
damit die Länder der Erde
nicht vom Recht des Stärkeren regiert werden,
sondern allein von der Macht der Liebe.

Den Reichen helfe zu der Einsicht,
dass sie ihren Reichtum teilen müssen,
damit Gerechtigkeit und Friede sich küssen können,
wie Du es versprochen hast für Deine künftige Welt.
Für sie leben und arbeiten wir
und beten mit den Worten,
die Jesus uns beigebracht hat:...

Sexagesimae: 2. Korinther 12,1-10

Paulus – Superapostel oder Narr?

Gehalten am 7. Februar 1988 in Lägerdorf

Liebe Gemeinde,

"Gott schreibt auch auf krummen Zeilen gerade." Gottes Wort kommt zu uns manchmal auf sehr verschlungenen Pfaden, und oft fällt es bei uns auf keinen fruchtbaren Boden. Es gibt aber auch Momente, wo es einen Menschen trifft -gerade dann, wenn er es am wenigsten erwartet. Es trifft in Augenblicken, wo sich die jeweilige Person gerade ganz unten gefühlt hat - einsam und verlassen, nutzlos oder von allen umhergestoßen.

Da, wo das Wort Gottes einen Menschen wirklich trifft und wo die Saat aufgeht, da geschieht jedesmal ein Wunder. Denn so verschlungen auch der Weg sein mag, auf dem es zu uns kommt, so verfahren auch die Situation sein mag, in der es uns erreicht, die Wirkung des Evangeliums ist doch immer die gleiche: Menschen werden von der Last erlöst, die auf ihnen lag, sie werden froh und glücklich und frei, sie bekommen neue Hoffnung und die Kraft, ein neues Leben zu beginnen.

Gott schreibt gerade auch auf krummen Zeilen. Wenn er will, daß sein Wort uns erreicht, dann sucht er sich den Boten sorgfältig aus, der es überbringen soll. Und dabei wendet er ganz andere Maßstäbe an, als es etwa ein Personalchef in einer großen Firma tun würde, der einen Vertreter anstellen will. Nicht einmal die Betroffenen selbst haben verstanden, wieso Gott gerade auf sie verfallen ist. All die Propheten und Apostel, die Gott im Alten wie im Neuen Testament in seinen Dienst berufen hat, haben erst einmal protestiert. Sie meinten, sie seien nicht schön genug dazu oder zu jung, zuwenig sprachgewandt oder aus gesundheitlichen Gründen zu schwach.

Aber alle diese menschlichen Einwände läßt Gott nicht gelten. Er beruft gerade solche Frauen und Männer, die in der Welt nichts gelten, mit denen eigentlich niemand etwas zu tun haben will. Er achtet dabei auch nicht auf den Berufsstand oder das gesellschaftliche Ansehen der betreffenden Person. Vielleicht ist das ja auch einer der Gründe, warum wir Pastoren so oft das Gefühl haben, wir würden zu tauben Ohren predigen. Denn Gott spricht ja bei weitem nicht nur durch uns, sondern vor allem durch das Zeugnis ganz normaler Menschen, die in Wort und Tat ihren Glatten lebendig zum Ausdruck bringen. Eines aber steht ganz sicher fest: Niemand kann aus eigenem Entschluß oder aus eigener Kraft Prophet oder Apostel werden. Zum Dienst an Gottes Wort kann man nur berufen werden - von Gott selbst.

Nun hat es aber zu allen Zeiten Leute gegeben, die sich für auserwählt halten, ohne es wirklich zu sein. Sie legen großen Wert auf ein gepflegtes Äußeres, bilden sich auf ihre hohe Bildung etwas ein und geben an mit der Zahl der Zuhörer, die sie in ihren Bann schlagen können oder mit der Höhe der Geldsummen, die sie aus ihnen herausholen können. Auch mir will es nicht gelingen, mich davon völlig frei zu machen. Denn schließlich sucht ja wohl jeder Mensch immer wieder nach einer Bestätigung und nach Anerkennung.

Solche Leute hat es auch in der Stadt Korinth gegeben. Dort hatte der Apostel Paulus eine der ersten christlichen Gemeinden gegründet, und dann ist er weitergezogen. Nach seinem Weggang tauchten plötzlich eine ganze Reihe von selbsternannten Aposteln auf, die für viel Unruhe und für Spaltungen innerhalb der Gemeinde sorgten. Einer wollte den anderen übertrumpfen, und so kam es, daß sie in aller Öffentlichkeit die jeweils anderen schlecht machten und mit den eigenen Vorzügen angaben wie nichts Gutes. Einig waren sie sich nur darin, daß Paulus eigentlich überhaupt nichts wert sei.

Er sei noch nicht einmal ein richtiger Apostel, sagten sie, weil er keine spektakulären Wunder vorweisen könnte, weil er den Leuten keine perfekte Show geliefert hatte und weil er es sogar abgelehnt hatte, sich von ihnen durchfüttern zu lassen. Dagegen mußte sich Paulus natürlich zur Wehr setzen - nicht um seinetwillen, sondern im Interesse der Einheit der Gemeinde und der Wahrheit des Evangeliums.

Im 2. Korintherbrief wendet er sich an die Adresse dieser Leute, die er "Superapostel" nennt - weil sie in ihren eigenen Augen so toll sind. Er hält ihnen vor, daß es eine Narretei ist, sich selbst all seiner Vorzüge zu rühmen. So etwas tun nur ausgesprochene Narren. Aber da ihn ja anscheinend so wie so jeder für einen Narren halte, will auch er sich einmal die Pappnase aufsetzen und den Narren spielen. Er schreibt:

> *Gerühmt muß werden, wenn es auch nichts nützt, so will ich doch kommen auf die Erscheinungen und Offenbarungen des Herrn. Ich kenne einen Menschen in Christus; vor vierzehn Jahren – ist er im Leib gewesen? ich weiß es nicht; oder ist er außer dein Leib gewesen? ich weiß es auch nicht; Gott weiß es–, da wurde derselbe entrückt bis in den dritten Himmel. Und ich kenne denselben Menschen – ob er im Leib oder außer dem Leib gewesen ist, weiß ich nicht; Gott weiß es –, der wurde entrückt in das Paradies und hörte unaussprechliche Worte, die kein Mensch sagen kann. Für denselben will ich mich rühmen; für mich selbst aber will ich mich nicht rühmen, außer meiner Schwachheit.*
>
> *Und wenn ich mich rühmen wollte, wäre ich nicht töricht; denn ich würde die Wahrheit sagen. Ich enthalte mich aber dessen, damit nicht jemand mich höher achte, als er an mir sieht oder von mir hört. Und damit ich mich wegen der hohen Offenbarungen nicht überhebe, ist mir gegeben ein Pfahl ins Fleisch, nämlich des Satans Engel, der mich mit Fäusten schlagen soll, damit ich mich nicht überhebe. Seinetwegen habe ich dreimal zum Herrn gefleht, daß er von mir weiche. Und er hat zu mir gesagt: Laß dir an meiner Gnade genügen; denn meine Kraft ist in den Schwachen mächtig.*

Darum will ich mich am allerliebsten rühmen meiner Schwachheit, damit die Kraft Christi bei mir wohne. Darum bin ich guten Mutes in Schwachheit, in Mißhandlungen, in Nöten, in Verfolgungen und Ängsten, um Christi willen; denn wenn ich schwach bin, so bin ich stark.

Wir wollen Paulus die Maske wieder abnehmen -die Maske von dem Mann, den er vor 14 Jahren gekannt haben will und hinter dem er sich versteckt hat, um nur ja nicht sich selbst rühmen zu müssen. Wir wollen ernst nehmen, was er da Einmaliges erlebt hat und zu verstehen versuchen, was er uns damit sagen will: Gott schreibt auch auf krummen Zeilen gerade.

Paulus hat ein Stück vom Himmel gesehen. Gott hat ihn nicht alles sehen lassen, aber er hat ihn Dinge hören lassen, die kein Mensch sagen kann. Er hat ihm ein Stück von seinem Reich gezeigt - von der Welt, wie sie einmal sein könnte und wie sie bei Gott schon lange ist: Von Ewigkeit zu Ewigkeit. Er hat Paulus zum Apostel berufen, damit er der Welt von dem erzählt, was er da im Paradies gesehen und von Gottes Reich gehört hat.

Er hat gerade diesen Menschen berufen, obwohl er als gelernter Zeltmacher kein glänzender Redner war und obwohl er durch eine geheimnisvolle Krankheit geschwächt war, die ihm wie ein Pfahl im Fleisch saß. Und Paulus ist zum Apostel geworden trotz aller Ängste, die er um Christi willen auszustehen hatte, trotz aller Verfolgungen und Nöte, in die er geraten ist, trotz der Mißhandlungen, die er über sich ergehen lassen mußte, trotz der Schwachheit, unter der er gelitten hat. Denn Gott hat zu ihm gesagt: "*Meine Kraft ist in den Schwachen mächtig*".

Gott ist stark auch in den Schwachen, wenn sie gläubig ihm vertrau'n: Kinder und Jugendliche leiden oft darunter, daß sie zu Hause nichts zu melden haben. Für manche besteht die einzige Zuwendung, die sie von ihren Eltern bekommen, in Schlägen und anderer Bestrafung. Wenn sie dann noch in der Schule merken, daß sie anderen Kindern gegenüber benachteiligt werden und auch dort noch bestraft werden anstatt gefördert, dann stellen sie den Sinn ihres eigenen Lebens in Frage: "Was bin ich denn schon wert?"

Ihnen will Gott sagen: "Du bist wer!". Ich habe dich bei Deinem Namen gerufen, du bist mein. Ich kenne dich, du bist bei mir keine bedeutungslose Nummer und nicht einfach ein Rädchen im großen Getriebe, das man nach Belieben austauschen kann. Ich kenne Deinen Namen und mochte, daß er für eine freie Persönlichkeit steht.

Auch erwachsene Menschen müssen an sich selber zweifeln, wenn sie in den besten Jahren ihren Arbeitsplatz verlieren. Denn bei uns wird doch der Wert eines Menschen ganz stark danach bemessen, ob er Arbeit hat und eine Familie ernähren kann oder nicht. Auch ihnen will Gott sagen: "Du bist was!". Du bist mein geliebtes Kind, Bruder oder Schwester meines Sohnes Jesus Christus. Vor Gott sind alle Menschen gleich! Ich habe auch dich mit vielen guten Gaben ausgestattet. Nutze sie!

Viele, vor allem ältere Leute, aber auch behinderte und kranke, fühlen sich einsam und allein gelassen und von aller Welt vergessen. Ihnen will Gott sagen: "Ich bin bei dir! Auch in der größten Not verlasse ich dich nicht und führe dich sicher durchs finstere Tal".

Aber wie kann Gott zu all diesen Menschen sprechen - zu den Schwachen: den Kleinen und Umhergestoßenen, den Armen und Kranken, den Einsamen und Alten? Wie können sie sein Wort hören, ohne daß sie in den Himmel entrückt werden? Gott schreibt gerade, auch auf krummen Zeilen. Vielleicht will er ja, daß gerade Sie seine Botinnen und Boten werden?

Ja. Ich bin sogar sicher, daß er uns alle will. Er will nur nicht, dass wir damit angeben! In der Taufe hat er uns alle berufen; in die Welt hinein gesandt, damit wir ihr das Evangelium bringen. Er will, daß wir sein Wort wahr machen: Indem wir alle Menschen gleich welchen Alters als vollwertige Menschen behandeln; indem wir Hoffnungslosen neuen Mut geben und Ängstliche und Verzweifelte trösten.

Und er will nicht, daß wir sagen: "Was? Ich soll anderen helfen? Das kann ich nicht. Dazu bin ich zu unbedeutend! Ich bin doch selber nicht viel wert, hab doch auch keine Hoffnung mehr, kann eigentlich gar nicht so recht an Gott glauben. Ich bin doch selber schwach und brauche Hilfe!" Irgendetwas in der Art könnte jeder sagen. Aber wenn das alle sagen würden, dann wäre Gottes Wort in dieser Welt bald überhaupt nicht mehr zu hören.

Denken wir doch lieber daran, was der Apostel in seiner Narrenrede da gesagt hat: Gott schreibt gerade auch auf krummen Zeilen. Und "*wenn ich schwach bin, so bin ich stark*". Amen.

Fürbitten

Herr, zu Paulus hast Du gesagt:
„Lass dir an meiner Gnade genügen,
denn meine Kraft ist in den Schwachen mächtig."
Vor dir stehen wir als Menschen,
die dieser Zusage vertrauen wollen.
Vor dir stehen wir als Menschen
mit ganz unterschiedlichen Lebensgeschichten,
mit verschiedenen Vorstellungen
vom Leben und vom Glück,
vom Glauben und von der Kirche.

Dich bitten wir heute für alle,
die mehr Fragen als Antworten haben
und noch nicht fertig sind
mit ihrer Meinung über dich und die Welt.
Von deiner Gnade ist genügend da-
das lass sie neu erfahren.
Darum schick du ihnen Menschen,
die nicht alles besser wissen,
sondern gemeinsam mit ihnen nach dir suchen
und sich von dir finden lassen.

Dich bitten wir für die,
die sich ohnmächtig fühlen und schwach,
weil das Leben es nicht gut mit ihnen meint,
weil sie an Grenzen stoßen
oder extremen Belastungen ausgesetzt sind.
Von deiner Gnade ist genügend da, —
das lass sie neu erfahren.

Darum zeige ihnen,
dass du neue, ganz überraschende Perspektiven schaffen kannst,
wo wir nichts mehr erwarten.
Sie sind enthalten in dem Gebet,
das wir von Dir gelernt haben:…

Estomihi: Amos 5, 21-25

Christ sein heißt, Opfer zu bringen

Gehalten am 26. Februar 2005 in Lägerdorf*

Liebe Gemeinde,
wir müssen alle Opfer bringen – das hören wir jeden Tag, lesen es in der Zeitung. Politiker sagen uns das: „Wir müssen alle Opfer bringen". Die, die noch Arbeit haben, müssen zwei Jahre länger arbeiten als sonst. Die, die bereits aus dem Arbeitsleben ausgeschieden sind, die Rentnerinnen und Rentner, die sollen jetzt auf einmal Steuern zahlen auf das „großartige" Einkommen, das sie als Rente beziehen. Wer krank ist, muss seine Medikamente selbst bezahlen – bis zu einer bestimmten Grenze. Wer ins Krankenhaus muss, darf nur noch drei Tage bleiben: Man muss eben Opfer bringen!

Auch bei euch, den Schülern, wird ja abgezogen. Früher hatten wir unsere Schulbücher und alles, was wir sonst zum Lernen brauchten, umsonst. In Hamburg habe ich sogar noch eine Bibel und ein Gesangbuch von Vater Staat geschenkt bekommen – für den Konfirmandenunterricht. „Lehrmittelfreiheit" nannte man das. Die ist schon längst unter den Tisch gefallen. Wir müssen eben alle Opfer bringen!

Und wofür? Zu welchem heiligen Zweck sollen wir diese Opfer bringen? – Dafür, dass unser Finanzminister die Schulden abbezahlen kann, die alle Finanzminister vor ihm gemacht haben? Dafür, dass die Wirtschaft weiter läuft, dass immer mehr Wachstum entsteht? Unser Wirtschaftssystem, in dem wir ja seit letzten Krieg ziemlich gut leben können, ist darauf ausgelegt, dass es immer weiter wächst.

Irgendwann gibt es aber nach oben eine Grenze des Wachstums. Früher hat man das dann so geregelt, dass alle 30, 40 Jahre mal ein anständiger Krieg gemacht wurde. Wenn dann alles kaputt war, konnte man ganz von vorne anfangen und alles wieder aufbauen. Das können wir heute, Gott sei Dank, nicht mehr machen: Nach dem nächsten Krieg hier in Europa wäre nichts mehr da, was man noch aufbauen könnte.

Die andere Möglichkeit war, dass man eine Währungsreform machte. So etwas Ähnliches haben wir ja gerade erlebt: Mit der Einführung des Euro wurde auf einmal alles halb so teuer – nur dass wir eben auch nur halb so viel Geld bekommen haben. Das war immer schon ein guter Trick, um die Wirtschaft wieder in Gang zu bringen. Ob der aber diesmal funktioniert, bleibt abzuwarten.

Wir bringen jeden Tag unglaublich viele Opfer – für einen „Gott", dessen Name „Mammon" ist. Der ist kein Gott, sondern ein falscher Gott, ein Götze. Dieser Götze verlangt Menschenopfer: Unendlich viele Menschen fallen diesem Götzenkult zum Opfer. Verbrechen werden begangen nicht aus Leidenschaft, sondern des Geldes wegen. Für Geld tun Menschen alles: Sie ziehen sich vor laufender Kamera aus; machen mit bei „Deutschland sucht den Superstar" und lassen sich da vor einem Millionenpublikum verspotten. Wir begehen Banküberfälle, Mord und Totschlag nur für den schnöden Mammon.

Aber ist das nicht so, dass man Opfer bringen muss? Muss man das nicht auch für Gott tun – für jeden Gott, eigentlich? Vor 3.000 Jahren hat es zu jedem richtigen Gottesdienst dazu gehört, dass Opfer dargebracht wurden. Auf dem Altar wurden Tiere geschlachtet und zum Teil verbrannt, zum Teil aber auch so zubereitet, dass man sie noch essen konnte.

In Bethel zum Beispiel, einem Ort im Heiligen Land, wurde das Jahrtausende lang so gemacht – seit Jakob dort die Himmelsleiter gesehen hat. Da hat er gemerkt: Hier ist ein heiliger Ort, hat einen Altar gebaut und Opfer gebracht. Dasselbe tat man auch noch mehrere hundert Jahre später, als der Prophet Amos lebte. Damals stand schon der große Tempel in Jerusalem; und die Könige David und Salomo und alle ihre Nachfolger bestanden darauf, dass nur noch dort Opfer gebracht werden durften. Warum wohl? – Es brachte eben Geld in die Kassen; und es brachte ihnen große Macht über die Menschen, die dort hinkamen.

Das bedeutete natürlich, dass alle anderen alten Heiligtümer abgeschafft waren: Dort durfte ja nicht mehr geopfert werden. Damit fiel der Verdienst der Kultdiener vom Stamm der Leviten weg; und sie konnten dort auch nicht mehr predigen. Damit hatte man zugleich auch alle etwaigen staatsfeindlichen Äußerungen unter Kontrolle – es war alles schön in einer Hand konzentriert – eben in der Hauptstadt Jerusalem.

Damit war es aber aus nach der Teilung des Reiches. Im Norden hatten sich schon vorher Einige heimlich dieser Anordnung widersetzt. Sie sagten: „Bethel war schon immer heilig, lange bevor Mose kam und uns lehrte, zu seinem Gott zu beten“. Nun durften sie das alte Heiligtum wieder offiziell in Betrieb nehmen.

Amos, der aus dem Südreich stammte und in der Nähe von Jerusalem wohnte, hat dieses Heiligtum einmal besucht und war erschüttert, als er sah, wie dort Gottesdienst gefeiert wurde. Das muss in etwa so gewesen sein, wie wenn jemand von euch ohne Vorwarnung in so einen Wallfahrtsort kommt wie Altötting. Das liegt in Bayern – ganz in der Nähe von dem Ort, aus dem der neue Papst herkommt.

Als ich in eurem Alter war und das erste Mal dort hingekommen bin, war ich völlig entsetzt, weil da überall um die Marktkirche herum und in der ganzen Stadt solche Buden waren, wo man fromme Gegenstände kaufen konnte. Da wurde also aus der Kirche nichts weiter gemacht als ein Geschäft, ein gigantischer Basar.

Da konnte man für eine nicht geringe Summe Geldes Votivtafeln kaufen oder anfertigen lassen, die man dann der Kapelle spendete; oder man konnte sich ein großes Holzkreuz auf die Schultern legen und auf Knien um die Kapelle herumrutschen. Im Gegenzug war man dann befreit von seinen Sünden. Mich hat all das damals schon an die Geschichte erinnert, wie Jesus die Geldwechsler aus dem Tempel geworfen hat: „Meines Vaters Haus soll ein Bethaus sein. Ihr aber habt eine Räuberhöhle daraus gemacht!“ So ähnlich muss es Amos gegangen sein, als er Bethel besucht hat. Da kam Gottes Geist über ihn und gab ihm ein, im Namen des HErrn folgendes aufzuschreiben:

> *Ich hasse eure Feste, ich verabscheue sie und kann eure Feiern nicht riechen. Wenn ihr mir Brandopfer darbringt, ich habe kein Gefallen an euren Gaben und eure fetten Heilsopfer will ich nicht sehen. Weg mit dem Lärm deiner Lieder! Dein Harfenspiel will ich nicht hören, sondern das Recht ströme wie Wasser, die Gerechtigkeit wie ein nie versiegender Bach. Habt ihr mir etwa Schlachtopfer und Gaben dargebracht während der vierzig Jahre in der Wüste, ihr vom Haus Israel?*

Amos hat sich richtig in Rage geredet. Um sich das bildlich vorzustellen zu können, nehmt einfach mal an, wir wären jetzt in der Kirche und sind gerade dabei, das Heilige Abendmahl zu feiern. Da geht die Tür auf, und ein Typ mit einem langen Bart kommt herein, sieht so'n bisschen aus wie Osama bin Ladn, hält womöglich eine Bibel hoch und fängt an zu brüllen: „Raus hier! Ich will das nicht sehen, was ihr hier tut. Eure Gottesdienste sind mir zuwider, spricht der HErr. Ihr seid nichts anderes als Heuchler. Ihr seid doch nicht wirklich mit dem Herzen dabei!

Vergessen habt ihr, dass einer sich für euch geopfert hat und dass ihr deshalb keine Opferzeremonie mehr abzuhalten braucht. Ihr tut doch nur so, als ob! Zur Kirche geht ihr Konfirmandinnen und Konfirmanden doch nur, damit ihr einen Stempel bekommt – und ihr Erwachsenen wollt doch nur, dass jeder sehen kann, wie fromm ihr seid. Das ist doch alles von vorne bis hinten verlogen. Raus hier, geht an die frische Luft – da seid ihr Gott viel näher!“

Stellt euch mal vor, so einer würde tatsächlich hier hereinplatzen – mit eifriger Mine, blitzenden Augen, und vielleicht auch ein bisschen Schaum vor dem Mund – ich denke mal, zwei starke Männer würden den ganz schnell vor die Tür setzen und sagen: Du musst hier raus. Du hast hier nichts zu suchen! Ich halte es für möglich, dass auf diese Weise schon oft ein Prophet Gottes vor die eine oder andere Tür gesetzt worden ist.

Die Propheten aus dem Alten Testament, das waren nämlich durch die Bank Leute, wie wir sie nicht in unser Wohnzimmer einladen würden. Ob die mit uns Gottesdienst feiern dürften, das ist die große Frage, denn wenn man zur Kirche geht, dann muss man sich ja benehmen: Die Mütze abnehmen, ruhig sitzen, nicht tuscheln oder flüstern und all solche Dinge.

Das macht der nicht, der Prophet: Der geht einfach rein und brüllt los, damals in Bethel. Ungezogen, ungehobelt, unerhört – und trotzdem wahr. Denn Gott will keine Opfer! Er hat sich selbst als Opfer gegeben, ist ein Opfer der Gewalt geworden, die Menschen einander bis heute antun – damit das aufhört, dass Menschen zu Opfern werden.

Seit Jesus Christus diesen schweren Weg gegangen ist, brauchen wir keine Opfergottesdienste mehr. Wir schlachten auf unserem Altar keine Tiere. Allerdings haben wir auch vergessen, was es bedeutet, ein Opfer zu bringen. Denn Christ oder Christin zu sein, das ist nicht umsonst zu haben. Das ist nicht so eine harmlose und beschauliche Angelegenheit, die vielleicht ein paar ältere Damen für ihr Seelenheil brauchen.

Nein: Christ zu sein bedeutet, Opfer zu bringen – für andere Menschen da zu sein. *Das Recht ströme wie Wasser*, sagt der Prophet; und „Recht" heißt bei ihm, dass jeder einzelne Mensch zu seinem Recht kommt; dass nicht mehr bei den Armen gespart wird, damit die Reichen immer reicher werden können; dass nicht mehr wir reichen Länder auf Kosten der armen leben können.

Christ sein heißt, anders leben, anders denken, anders auf die Menschen zugehen; für Gerechtigkeit sorgen und für Frieden. Das ist ein großes Opfer, ein Opfer, wie Gott es will und wie Jesus es uns vorgemacht hat. Wenn du von etwas überzeugt bist, für eine Sache einstehst, zeigen willst, dass du wirklich Christ bist, oder eine Christin, dann kostet dich das etwas. Damit meine ich nicht die paar Cent, die ihr in die Kollekte werft.

Vielmehr will Gott uns ganz und gar, mit Haut und Haaren. Das hat der Apostel Paulus geschrieben in seinem Brief an die Römer im 12. Kapitel: „Gebt euch selbst hin als ein Opfer, das Gott wohlgefällig ist". Euer ganzes Leben lebt nicht für euch selbst, sondern für Gott: Dafür, dass es allen Menschen gut geht. Wenn das alle täten, eines Tages, dann würde wahr werden, wofür Jesus gestorben ist, wofür er sein Leben hingegeben hat. An diesem Tag wird das Recht strömen wie Wasser, *die Gerechtigkeit wie ein nie versiegender Bach*. Amen.

Fürbitten

Gott, Du willst ja gar keine Opfer von uns!
Durch Deinen Propheten Amos hast Du uns gesagt,
dass Dir das alles zuwider ist.
Trotzdem hast Du uns Deinen Sohn geschenkt;
und er hat sich aus freiem Willen geopfert,
damit das Recht strömen kann wie Wasser
und die Gerechtigkeit wie ein nie versiegender Bach.

Wir bitten Dich: Lass dieses sinnlose Opfer nicht umsonst gewesen sein!
Wir sollen endlich aufwachen
und tun, was unsere Pflicht als Christen ist.
Wir sollen uns auf die Seite der Opfer stellen,
die die der Tanz ums Goldene Kalb
und der Götzendienst des Mammon täglich fordern
und dafür sorgen, dass alle Menschen menschengerecht leben können.

Hilf, dass wir nicht vergessen, was wir Dir schuldig sind:
Weil wir uns nicht aus eigener Kraft
von Sünde und Schuld befreien können,
hast Du uns einfach vergeben.
Das Kreuz, das wir aufgerichtet haben,
um Deinen Sohn zu töten, hast Du durchkreuzt
in seiner Auferstehung von den Toten.
Nun lass uns unseren Beitrag dazu leisten,
dass diese Welt lebenswert bleibt
und ein Ort wird, an dem Deine Liebe zu Hause ist.
Darum beten wir mit den Worten,
die wir von Jesus gelernt haben:...

Invokavit: 2. Korinther 6,1-10

Nachfolge trotz paradoxer Widersprüche

Gehalten am 21. Februar 1988 in Lägerdorf

Predigttext (Luther 84):

Als Mitarbeiter Gottes ermahnen wir euch, daß ihr die Gnade Gottes nicht vergeblich empfangt. Denn er spricht (Jesaja 49,8): »Ich habe dich zur Zeit der Gnade erhört und habe dir am Tage des Heils geholfen.«

Siehe, jetzt ist die Zeit der Gnade, siehe, jetzt ist der Tag des Heils! Und wir geben in nichts irgendeinen Anstoß, damit unser Amt nicht verlästert werde;sondern in allem erweisen wir uns als Diener Gottes: in großer Geduld, in Trübsalen, in Nöten, in Ängsten, in Schlägen, in Gefängnissen, in Verfolgungen, in Mühen, im Wachen, im Fasten, in Lauterkeit, in Erkenntnis, in Langmut, in Freundlichkeit, im heiligen Geist, in ungefärbter Liebe, in dem Wort der Wahrheit, in der Kraft Gottes, mit den Waffen der Gerechtigkeit zur Rechten und zur Linken, in Ehre und Schande; in bösen Gerüchten und guten Gerüchten, als Verführer und doch wahrhaftig; als die Unbekannten, und doch bekannt; als die Sterbenden, und siehe, wir leben; als die Gezüchtigten, und doch nicht getötet; als die Traurigen, aber allezeit fröhlich; als die Armen, aber die doch viele reich machen; als die nichts haben, und doch alles haben.

Liebe Gemeinde,
am Montag haben einige von uns miteinander über diesen Text nachgedacht. Und dabei hat ein junges Mädchen gesagt: "Eines verstehe ich nicht. Das ist doch paradox: Wie kann ich traurig sein und gleichzeitig fröhlich? Das geht doch nicht: Entweder ich bin traurig, oder ich bin fröhlich!"

Das hat mich zu einer Vermutung gebracht. "Vielleicht", sagte ich, "vielleicht ist hier ja eine andere Art von Fröhlichkeit gemeint, als wir sie kennen - eine Fröhlichkeit, die nicht von dieser Welt ist?". Und mittlerweile bin ich überzeugt: Der Apostel Paulus wollte genau das zum Ausdruck bringen mit dem, was er geschrieben hat: Sein Glaube kann ihn zwar nicht davor bewahren, ins Gefängnis geworfen zu werden, er schützt ihn nicht vor Angst und Zweifel und verhindert nicht, daß er Trauriges erlebt. Und trotzdem bezieht er aus seinem Glauben heraus eine Kraft, mit der er die Welt überwindet.

'Die Welt überwinden' - was heißt das? Kann denn der Glaube die Welt verändern? Kann er die Naturgesetze aufheben und Berge versetzen? Kann der Glaube Grenzen überwinden – Grenzen zwischen Ländern, Grenzen zwischen arm und reich oder zwischen den Gebildeten und denen, die nie eine Chance auf Bildung hatten? Vor allem: Kann der Glaube Menschen verändern -so, daß sie nicht mehr danach streben, sich an Gottes Stelle zu setzen und über andere Menschen herrschen zu wollen? Kann der Glaube uns dazu bringen, anders miteinander umzugehen?

Jeder normale Mensch, der mit beiden Beinen in der Welt steht, wird wohl sagen: "Nein, das geht auf gar keinen Fall. Das ist ein reines Hirngespinst, eine ausgesprochene Wunschvorstellung!" Und doch: es geht. Jesus hat 40 Tage in der Wüste gefastet - ganz allein mit sich selbst. Er hat auf alles verzichtet, was die Welt ihm zu bieten hatte; und er hat aller Versuchung widerstanden, in die ihn der Fürst dieser Welt führen wollte. Damit hat er gezeigt, daß er <u>stärker</u> ist als diese ganze Welt.

Wir können das nicht. Wir sind nicht so stark wie er. Uns kriegt die Welt immer wieder beim Kragen. Jeder Schicksalsschlag bringt uns auf den Boden der Tatsachen zurück. Ja, wenn man ein Apostel wäre! Paulus hat die Kraft aufgebracht, Christus nachzufolgen. Er hat für ihn den Hohn und Spott der Leute ertragen, hat Schläge einkassiert und auch noch freiwillige Entbehrungen auf sich genommen; und bei alledem hat er sich Langmut und Freundlichkeit bewahrt, ist seinen Mitmenschen mit ungefärbter Liebe und entwaffnender Wahrhaftigkeit begegnet und hat auf die Kraft Gottes vertraut. Durch sie konnte er fröhlich und guter Hoffnung bleiben, auch wenn er Grund genug zur Traurigkeit gehabt hat.

Aber Paulus war ja eben auch kein normaler Mensch. Er hatte ja von Gott ein besonderes Amt übertragen bekommen: Das Amt des Apostels. Also wieder nichts für uns Normalsterblichen! Woher sollen wir denn auch die Kraft nehmen, Jesus Christus auf seinem Leidensweg nachzufolgen - wenn wir dadurch bei den Leuten in‘s Gerede kommen? Wie können wir für Gerechtigkeit kämpfen, wenn die Gefahr besteht, dabei um's Leben zu kommen?

Es kann ja doch der Beste nicht in Frieden leben, wenn es dem bösen Nachbarn nicht gefällt! Und außerdem: Wer von uns ist denn schon zum Märtyrer geboren, oder zum Apostel berufen? - "Nein", sagt dazu der Apostel: "Nein, ihr liegt mal wieder völlig falsch mit euren Ausreden! Jesus Christus will, daß ihr alle Mitarbeiter Gottes werdet!

Und wenn ihr wieder einmal glaubt, daß es nicht weiter geht; wenn ihr euch entmutigt fühlt und falsch verstanden; wenn ihr euch die Platze ärgert über die Kirche oder einzelne Menschen in ihr; wenn ihr wieder einmal das Gefühl habt, daß eure Arbeit nicht anerkannt wird und ihr nur Undank erntet; wenn ihr nicht wißt, woher ihr die Kraft nehmen sollt, das alles zu ertragen,-dann denkt daran, daß euer Gott gnädig ist und daß ihr seine Gnade empfangen habt!

Gnade ist paradox. Sie verstößt gegen das geltende Recht, steht über ihm – und sie ist immer unverdient. Durch Gnade kannst du arm sein – und trotzdem andere reich machen. Auch wenn du bei den Menschen ein Namenloser bist: Gott kennt dich und deinen Namen. Wenn du Seine Mitarbeiterin bist oder Sein Mitarbeiter, dann kannst du fröhlich sein, auch wenn der Zustand der Welt dich betrübt; dann kannst du sterben, aber trotzdem lebst du weiter.

Gott schenkt dir aus Gnade all das, was du zum Leben brauchst, zum Leben in Seiner neuen Welt: Glaube, Hoffnung und, vor allem, die Liebe. Wenn ihr wirklich Mitarbeiter und Mitarbeiterinnen Gottes sein wollt, dann denkt daran, das ihr immer wieder von vorne anfangen dürft. Gott selbst schenkt euch die Kraft, mit der Nachfolge Jesu Christi Ernst zu machen - jeden Tag wieder neu. Denn: Jetzt ist die Zeit der Gnade, jetzt ist der Tag des Heils! Amen .

Fürbitten

Lieber Vater im Himmel,
wie eine Mutter
schenkst Du uns Leben und Geborgenheit.
Du schenkst uns einen Glauben,
der die ganze Welt verändern kann
und eine Fröhlichkeit,
die stärker ist als alle Trübsal,
die von uns Besitz ergreifen will.
In Dir ist Freude in allem Leide.
Das ist paradox – und gerade deshalb danken wir Dir dafür.

Wir bitten Dich:
Lass uns der Versuchung widerstehen,
wie Dein Sohn es in der Wüste tat,
und vergib uns, wenn wir wieder einmal schwach geworden sind.

Lass uns umkehren von dem alten Weg
des Neides, der Besserwisserei und des Machthungers.
Lehre die Mächtigen in Staat und Kirche,
dass es nur einen Weg
zu wirklichem Frieden gibt:
Den Weg der Liebe,
der in die Gemeinschaft mit Deinem Sohn führt.

Nimm uns auf in diese Gemeinschaft
als Deine Mitarbeiterinnen und Mitarbeiter,
auch wenn wir es nach menschlichen Maßstäben
nicht verdient hätten.

Sei uns gnädig und erhöre uns,
wenn wir jetzt beten, wie Jesus es uns gelehrt hat:…

Reminiszere: Jesaja 5,1-7

Es ist Erntezeit

Gehalten am 12. März 2006 in Lägerdorf*[1]

Liebe Gemeinde,
es ist Erntezeit. Erntezeit? Wo doch draußen Berge von Schnee liegen und an Aussaat überhaupt noch nicht zu denken ist – geschweige denn an Ernte? Im Land der Bibel, in Israel, kann man zweimal im Jahr ernten – da ist jetzt tatsächlich Erntezeit; und die Geschichte, die ich heute als Predigttext mitgebracht habe, ist ein Lied, das von der Ernte handelt – genauer gesagt, von der Weinlese.

Bei der Weinernte kommt es ja immer darauf an, wie der jeweilige Jahrgang geworden ist. In diesem Sinne haben wir hier bei uns auch gerade Erntezeit – denn vor uns sitzt ein neuer Jahrgang von Konfirmandinnen und Konfirmanden, die in diesem Jahr eingesegnet werden wollen. Ich kann Ihnen eines sagen, was Sie sicher selbst auch schon festgestellt haben: Dies ist ein ganz schön quirliger Jahrgang!

Wenn der Winzer den jungen Wein geerntet hat und ihn in die Fässer füllt, dann gärt der ja auch immer noch weiter. Er ist am Brizzeln und am Schäumen; und so ähnlich kam mir das mit euch auch vor während euerer Konfirmandenzeit. Ich habe noch nie einen Jahrgang erlebt, der so uneinheitlich war. Oft kam es mir so vor, als ob ihr drei verschiedene Gruppen gewesen seid – jede Gruppe immer etwa ein Drittel von allen.

Das eine Drittel hat supertoll mitgemacht im Unterricht; war mit offenen Ohren, offenem Herzen und oft auch mit offenem Mund dabei; hat Fragen gestellt, mitgemacht und wollte ganz offensichtlich auch etwas von Gott wissen. Das war deutlich zu spüren. Einige sind sogar von ganz alleine gekommen und haben gesagt: „Ich möchte konfirmiert werden, obwohl meine Eltern gar nicht so sehr dafür sind“.

[1] In diesem Gottesdienst wurden die Konfirmandinnen und Konfirmanden vorgestellt

Das zweite Drittel, das war eigentlich so wie immer. Das waren diejenigen von euch, die immer gute Miene zum vermeintlich bösen Spiel gemacht haben. Die waren einfach nur da und sind nie besonders aufgefallen. Die haben ganz einfach mitgemacht, weil das immer schon so war und sich nun mal so gehört.

Mit dieser Haltung werdet ihr weit kommen im Leben: Nur nicht dumm auffallen, nirgends anecken, alles mitmachen, aber niemals laut sagen, was man denkt. Genau das wird ja immer wieder von uns verlangt in der Gesellschaft: Dass wir uns anpassen und tun, was andere uns sagen. Aber eines kann ich euch dazu sagen: Glücklich werdet ihr mit dieser Haltung nicht! Für euch ist es an der Zeit zu lernen, dass ihr nicht immer nur das tun solltet, was andere von euch erwarten. Euch wünsche ich, dass ihr noch lernt, euren eigenen Weg zu gehen und nur das zu tun, wovon ihr auch wirklich überzeugt seid.

Und dann der letzte Teil – hm. Um es vorweg zu sagen: Wir haben sehr viel Spaß miteinander gehabt – wirklich! Aber einfach war es nicht mit euch. Für euch, die ihr zu diesem Drittel gehört, ist der Predigttext geschrieben worden – zwar schon vor 3.000 Jahren, als euch noch niemand kannte, aber er passt genau auf euch. Es handelt sich zwar um ein Lied, wie es zum Erntedank gern gedichtet wurde. Allerdings würde ich mich nicht trauen, es bei einem festlichen Anlass, wie zum Beispiel eurer Konfirmation, vorzusingen. Abgesehen davon, dass ich gar nicht singen kann, ist nämlich auch der Text ein wenig anstößig. Jesaja schreibt:

> *Ich will ein Lied singen von meinem geliebten Freund, ein Lied vom Weinberg meines Liebsten.*

Mein Freund hatte einen Weinberg auf einer fruchtbaren Höhe. Er grub ihn um und entfernte die Steine und bepflanzte ihn mit den edelsten Reben. Er baute mitten darin einen Turm und hieb eine Kelter darin aus. Dann hoffte er, dass der Weinberg süße Trauben brächte, doch er brachte nur saure Beeren.

Nun sprecht das Urteil, Jerusalems Bürger und ihr Männer von Juda, im Streit zwischen mir und dem Weinberg! Was konnte ich noch für meinen Weinberg tun, das ich nicht für ihn tat? Warum hoffte ich denn auf süße Trauben? Warum brachte er nur saure Beeren?

Jetzt aber will ich euch kundtun, was ich mit meinem Weinberg mache: Ich entferne seine schützende Hecke; so wird er zur Weide. Seine Mauer reiße ich ein; dann wird er zertrampelt. Zu Ödland will ich ihn machen. Man soll seine Reben nicht schneiden und soll ihn nicht hacken; Dornen und Disteln werden dort wuchern. Ich verbiete den Wolken, ihm Regen zu spenden.

Ja, der Weinberg des Herrn der Heere ist das Haus Israel und die Männer von Juda sind die Reben, die er zu seiner Freude gepflanzt hat. Er hoffte auf Rechtsspruch - doch siehe da: Rechtsbruch, und auf Gerechtigkeit - doch siehe da: Der Rechtlose schreit.

In der Bibel ist an vielen Stellen vom Weinberg die Rede. Immer dann, wenn Jesus oder die Propheten vom Weinberg Gottes reden, dann meinen sie damit uns – Seine Gemeinde. Und wie ist es bestellt um unsere Gemeinde? Was soll aus uns werden, wenn die edlen Reben, die gepflanzt wurden, nichts weiter hervorbringen als saure Beeren, von denen einem die Zähne stumpf werden?

Was soll ich bloß mit euch machen? Wenn ihr zum Unterricht gekommen seid, habt ihr binnen fünf Minuten den ganzen Konfirmandenraum in eine Müllhalde verwandelt. Selbst nachdem wir hier für heue geübt haben, lagen überall in der Kirche Bonbonpapier und andere ekelhafte Dinge herum. Was soll ich mit euch machen, wenn ihr den Unterricht stört und deutlich zeigt, dass euch das alles hier nicht die Bohne interessiert? Was soll ich bloß mit euch machen, wenn es auf der Freizeit zu hohem Sachschaden kommt, und keiner ist's gewesen?

All das ist ja noch im gelben Bereich. Eure Eltern und ich haben ja auch jede Menge Unsinn gemacht in ihrer Konfirmandenzeit. Aber was mich wirklich geärgert hat war, dass ihr nicht nur versucht habt, mich auf die Palme zu bringen – das ist, wie gesagt, normal -, sondern dass ihr auch Gott herausgefordert habt.

Als wir beim Feierabendmahl an unserem letzten gemeinsamen Abend ein Gebet zusammenstellen wollten, haben einige von euch sehr unflätige Dinge auf die grünen Zettel geschrieben, die wir an das Kreuz von Jesus geheftet haben. Wenn ich mir vorstelle, dass ihr so schamlos wart, ihm diese Dinge zuzumuten, dann frage ich mich, wie ich an seiner Stelle wohl mit euch umgegangen wäre.

Ihr habt damit nicht nur ihn beleidigt, sondern auch Gott. Und habt die beschämt, die wirklich ganz ernsthafte Wünsche und Bitten an das Kreuz geheftet haben. Ihnen habt ihr die Möglichkeit genommen, an diesem besonderen Abend wirklich ernsthaft zu Gott zu beten. Was soll ich bloß mit euch machen?

Was würde Gott mit euch machen? Wenn ich Gott wäre, dann hättet ihr es geschafft, mich richtig zornig zu machen. Aber wir haben gehört, dass Gott sich mit uns versöhnen will. Wir haben im Evangelium[2] gehört, dass Er sogar Seinen Sohn in den Weinberg geschickt hat; und dass er gestorben ist dafür, dass wir mit Gott versöhnt werden können. Gottes Herz ist viel größer als alle unsere Gedanken.

Wenn ich daran danke, dann fallen mir auch andere Dinge ein, die ich mit euch erlebt habe: Gute, lange Gespräche auf der Bettkante; Fragen, die ihr gefragt habt und über die ich manchmal sehr gestaunt habe; Antworten, die ihr gesucht und zum Teil auch selbst gefunden habt für euch. Und ich spüre auch unter all eurem Zorn, unter der brodelnden Sexualität, um die eure Gedanken hauptsächlich kreisen, dass ihr ganz ernsthaft einen Weg für euch und euer Leben sucht.

Darum wünsche ich euch, euch allen, dass ihr in der Zeit, die wir miteinander im Unterricht verbracht haben, doch das eine oder andere gefunden habt, das ihr mitnehmen könnt für eure Zukunft. Ich wünsche euch, wenn ihr dann alle konfirmiert worden seid, dass ihr euren eigenen Weg geht – mit Jesus Christus und mit seinem Segen. Wenn ihr dieses große Angebot von Gott annehmt, dann ist für euch Erntezeit. Amen.

Fürbitten

Herr Jesus Christus,
wir danken dir, dass du so viel Geduld mit deinem Weinberg hast, obwohl wir uns doch so viel Mühe geben, ihn zu zerwühlen wie die wilden Säue oder ihn einfach als Ödland links liegen lassen wollen.

---

[2] Markus 12

Danke, dass du deiner Gemeinde immer wieder neue Menschen hinzufügst, die es ernst meinen mit ihrem Glauben und so leben wollen, wie du es vorgemacht hast. Danke dir für ernste und heitere Gespräche zwischen Himmel und Erde und zwischen Tag und Nacht, die wir am letzten Wochenende führen konnten.

Vor dich möchte ich die Bitten und Wünsche der Teilnehmer unserer Freizeit bringen. Du kennst sie bereits, denn du weißt, wie es in uns aussieht, bevor wir es selbst zu Papier bringen. Wir haben diese Gebete an dein Kreuz geheftet, um sie laut auszusprechen. Das haben alle gewusst, die zugehört haben. Trotzdem haben einige versucht, dich bewusst zu verärgern und herauszufordern mit dem, was sie dir da zugemutet haben. Vergib ihnen, so wie du denen vergeben hast, die dich damals an dieses Kreuz geheftet haben.

Der harmloseste von diesen unsäglichen Wünschen war noch der nach einem stärkeren Bartwuchs oder der, dass der HSV Deutscher Meister wird. Hinter vielen anderen steckt eigentlich die Sehnsucht nach Liebe und Anerkennung. Du weißt, wie ernst es den jungen Menschen damit ist, auch wenn sie es nicht richtig ausdrücken können. Hilf ihnen, diese Wünsche wahr werden zu lassen!

Einen Wunsch hast du bereits erfüllt: Dass dem Pastor wenigstens in der zweiten Nacht ein bisschen Nachtruhe vergönnt sei. Bei anderen wird es schon schwieriger: Friede auf Erden für Menschen und Tiere; eine gesicherte Zukunft für unsere Kinder, ein glückliches, gesundes, zufriedenes Leben voller Spaß und Freude; eine Welt ohne Krieg und Gewalt, Hass, Hunger, Nöte, Krankheiten, Armut, ja vielleicht sogar ohne Geld – dafür werden wir auch selber arbeiten müssen, damit es gelingt. Gib uns dazu deinen Geist!

Einer hat noch ein P.S. unter seine Wünsche geschrieben: „Einfach alles Gute, das zum Leben gehört“. Nach dem Kleinen Katechismus von Martin Luther ist das unser tägliches Brot. Darum wollen wir dich jetzt bitten mit den Worten, die wir von dir gelernt haben:...

Okuli: 1. Petrus 1,13-21

Erlösung: Wovon und wofür?

gehalten am 19. März 2006 in Lägerdorf*

Liebe Gemeinde,

wir sind freigekauft. Wie bitte? Freigekauft? Menschen kann man doch nicht kaufen! Wir sind doch keine Ware, die jemand auf dem Markt anbieten dürfte: Die Sklaverei ist längst schon abgeschafft! Freigekauft? Das könnte man vielleicht von jemandem sagen, der oder die von Terroristen als Geisel gehalten wurde und für den die Regierung ein Lösegeld bezahlt.

Deswegen hätte ich eben auch sagen können: „Liebe Gemeinde, wir sind erlöst". In der Sprache der Bibel ist das ein und dasselbe Wort: „Freigekauft" und „erlöst". Aber „erlöst", das klingt viel frommer – hier in der Kirche also richtiger; und deshalb besteht die große Gefahr, dass wir dieses Wort gründlich missverstehen. Wir haben immer schon eine bestimmte Bedeutung dieses Wortes im Kopf; und die muss nicht immer mit dem übereinstimmen, was in der Bibel tatsächlich gemeint ist.

Wenn wir den Satz hören, oder ihn über einer Todesanzeige lesen: „Er oder sie ist erlöst", dann ist damit in aller Regel gemeint, dass jemand von einem endlosen, qualvollen Leiden befreit worden ist – durch den Tod. Dabei vergessen wir nur eines: Das, was wir bei dieser Art von Erlösung loswerden, das ist zugleich auch das Wichtigste, was wir haben, nämlich unser Leben.

Manchmal begegnet dieses Wort „Erlösung“ auch noch in einem anderen Zusammenhang, an den zugegebenermaßen heute wohl nur noch die Wenigsten denken. Da geht es um das Seelenheil – darum, dass jemand, der gestorben und in den Himmel gekommen ist, das Heil gefunden hat und damit erlöst wurde von diesem Leben unter der Macht der Sünde. Doch auch so verstanden zieht die Erlösung zwangsläufig immer den Tod nach sich – auch wenn sie über den Tod hinaus wirksam bleibt.

Das allerdings nützt uns nur wenig für das Leben vor dem Tod. Unser christlicher Glaube aber ist eine gute Nachricht; eine frohe Botschaft – für Menschen, die noch nicht gestorben sind, sondern noch am Leben sind. Jesus wollte, dass wir Menschen glücklich werden – im Leben; und nicht erst im Tod. Darum ging es ihm bei allem, was er verkündigt hat, nicht nur in den bekannten Seligpreisungen.

Also fragen wir uns doch heute mal: Wenn wir freigekauft sind, wovon sind wir denn freigekauft worden? Und: Wozu sind wir erlöst worden? Und nicht zuletzt: Wodurch ist das geschehen? Antworten auf diese Fragen gibt es in der Bibel. Allerdings muss ich Sie vorwarnen: Falls Sie eben die Epistel des heutigen Sonntags schon schwierig fanden[1], dann ist das, was wir jetzt hören, ganz schwere Kost. Bei dem, was im ersten Brief des Petrus, kommt es wirklich auf jedes einzelne Wort an. Petrus[2] schreibt:

> *Umgürtet euch und macht euch bereit! Seid nüchtern und setzt eure Hoffnung ganz auf die Gnade, die euch bei der Offenbarung Jesu Christi geschenkt wird. Seid gehorsame Kinder und lasst euch nicht mehr von euren Begierden treiben wie früher, in der Zeit eurer Unwissenheit.*

---

[1] Epheser 5,1-8

[2] Ob die Briefe des Petrus wirklich von der Hand des ehemaligen Fischers vom See Genezareth stammen, ist unter den Gelehrten umstritten. Wahrscheinlich hat ein späterer Schüler des Apostels sie unter seinem Namen veröffentlicht. Für uns aber haben sie dasselbe Gewicht, als wären sie von ihm selber.

Wie er, der euch berufen hat, heilig ist, so soll auch euer ganzes Leben heilig werden. Denn es heißt in der Schrift: Seid heilig, denn ich bin heilig. Und wenn ihr den als Vater anruft, der jeden ohne Ansehen der Person nach seinem Tun beurteilt, dann führt auch, solange ihr in der Fremde seid, ein Leben in Gottesfurcht.

Ihr wisst, dass ihr aus eurer sinnlosen, von den Vätern ererbten Lebensweise nicht um einen vergänglichen Preis losgekauft wurdet, nicht um Silber oder Gold, sondern mit dem kostbaren Blut Christi, des Lammes ohne Fehl und Makel. Er war schon vor der Erschaffung der Welt dazu ausersehen, und euretwegen ist er am Ende der Zeiten erschienen. Durch ihn seid ihr zum Glauben an Gott gekommen, der ihn von den Toten auferweckt und ihm die Herrlichkeit gegeben hat, sodass ihr an Gott glauben und auf ihn hoffen könnt.

Das war jetzt ganz schön viel Theologie auf einmal! Aber erinnern wir uns an die Fragen, mit denen wir an den Text herangegangen sind! Wovon sind wir losgekauft worden? Der Apostel schreibt: Losgekauft seid ihr aus eurer sinnlosen Lebensweise, die ihr von den Vätern ererbt habt. Heißt das, es ist nicht gut, nach der Väter Weise zu leben? Ist es nicht gut, Traditionen zu pflegen, eine verlässliche Kultur zu haben, auf die man sich stützen kann; die einem Halt gibt?

Warum wettert der Apostel so gegen die Lebensweise der Väter? – Tradition um der Tradition willen, das ist nichts weiter als eine leere Hülse. Sie macht nur dann Sinn, ist auch nur dann hilfreich, wenn diese Hülse auch mit Inhalt gefüllt ist. Und, liebe Gemeinde, heute sind wir fast wieder wo weit wie vor 2.000 Jahren: Vor lauter leeren Hülsen haben wir das Eigentliche, den Inhalt, verloren – das worum es eigentlich geht, was wirklich wichtig ist im Leben!

Denn bei uns zählen lauter kleine Dinge, die wir von unseren Vorvätern über unsere Eltern vermittelt bekommen haben: „Sei immer fleißig und strebsam, damit du ordentlich viel Geld verdienst und etwas darstellst in der Welt“. Aber können wir denn von unseren ganzen, vielen Geld auch nur einen Taler mitnehmen auf den letzten Weg, den wir alle einmal gehen müssen?

„Du musst immer sehen, dass du deine Schäfchen ins Trockene bringst – Hauptsache ist erst mal, dass es dir selber gut geht“. Ja, aber bei dieser Sichtweise würden bald keine Kinder mehr geboren werden; denn Kinder großzuziehen, das ist ja teuer. Das fehlt uns dann am eigenen Luxus. Besser ist das, wenn man mit niemandem teilen muss! So haben wir es gelernt; und diese alte Lebensweise – „das ist so und das muss so und das war immer schon so“ – sie führt dazu, dass wir uns immer mehr versündigen.

Die Sünden der Vergangenheit werden gerade uns Deutschen ja immer noch vorgehalten; und wir Christinnen und Christen werden dafür behaftet, wie die Kirche im Mittelalter mit Andersdenkenden umgesprungen ist. Doch auch jeder Einzelne von uns macht sich jeden Tag aufs neue wieder schuldig – weil wir aus dem alten Trott einfach nicht herauskommen, weil wir nicht die alten Denkmuster verlassen können, weil wir nicht über unseren Schatten springen können und es nicht fertig bringen, ein neues Leben anzufangen – ein Leben in dem Geist der Liebe, den wir von Jesus kennengelernt haben.

Damit sind wir bei der zweiten Frage: „Wozu sind wir denn freigekauft worden?“. Was genau ist denn das Ziel unseres Glaubens? Petrus schreibt in seinem Brief, ein paar Zeilen vor unserem Text: Das Ziel unseres Glaubens ist die Seligkeit – „der Seelen Seligkeit“. Und das heißt nicht, liebe Gemeinde, dass wir irgendwann einmal, wenn wir tot sind, andauernd um Gott herum schweben und „Halleluja“ singen müssen, oder dass wir als körperlose, geistige Wesen durch das Universum treiben.

Dass, was Karikaturisten daraus gemacht haben, ist weiß Gott nicht gemeint mit der Seelen Seligkeit – sondern ganz banal, dass wir glücklich werden. Glücklich werden wir in diesem Leben nur dann, wenn wir auch andere glücklich machen können. Ein Geben und Nehmen ist das Leben; und nur da, wo Geben und Nehmen ausgeglichen sind, kann ein Leben gelingen und glücklich sein. Der Apostel schreibt: Das, wozu wir frei geworden sind, ist ein Leben, das er *heilig* nennt: *Seid heilig, denn ich bin heilig*, spricht der Herr.

„Ich bin", das ist der Name Gottes; und heilig ist alles, was zu Ihm gehört; das, was über unsere Welt und unser Verstehen hinausgeht – über den kurzen Zeitraum, in dem wir leben. Ein Leben in der Liebe Gottes, die immer schon da war, durch die alles geschaffen ist, das macht Sinn. Das macht uns selbst glücklich; und damit können wir unsere Mitmenschen glücklich machen: „Wer in der Liebe bleibt, der bleibt in Gott und Gott in ihm", schreibt Johannes.

Das ist also unser Ziel: Die Seligkeit. Und wodurch sind wir freigekauft worden von der alten Lebensweise? Wie ist dieses Ziel zu erreichen? Der Apostel schreibt, wir sind freigekauft worden durch etwas, das viel kostbarer ist als Gold und Silber. Edelmetalle haben nur in dieser Welt einen Wert; in der neuen aber gelten sie nicht mehr. In Gottes neuen Welt, die Jesus das „Himmelreich" nannte, da zählt etwas anderes: Da zählen Glaube, Hoffnung und die Liebe.

Damit wir dorthin kommen, hat Jesus sein Blut vergossen. Das ist etwas, was viele Menschen, nicht verstehen wollen. Viele Andersgläubige schreckt das sogar ab von unserem christlichen Glauben. Doch gerade auch Theologinnen und Pastoren wehren sich mit einigem Recht gegen die Vorstellung, dass Gott gewollt haben könnte, dass Jesus leiden und sterben musste, nur damit wir frei sind.

Jahrhunderte, Jahrtausende lang ist das immer so verstanden worden, als ob Jesus für uns so etwas wie ein Opferlamm gewesen wäre. In der Zeit, in der Jesus lebte, war diese Sichtweise einleuchtend, selbsterklärend: Schuld und Sünde konnten in der damaligen Vorstellung nur durch Blut abgewaschen werden. Da ging man in den Tempel, hat eine Taube, ein Lamm, einen Ochsen geopfert. Durch das Blut, das diese unschuldigen Tiere vergießen mussten, wurde der Spender bloß und rein von seinen Sünden. Diese Vorstellung ist uns natürlich vollkommen fremd, weil wir diesen Opfergottesdienst nicht mehr kennen, seit Jesus selbst sich zum Opfer gegeben hat – und nicht zuletzt seit Martin Luther dargelegt hat, dass sich niemand mit klingender Münze freikaufen kann.

Aber musste denn Jesus sterben, damit Gott uns vergibt, damit Er versöhnt ist? Damit Er uns nicht mehr zürnt wegen all unserer Sünden? – Wenn wir uns die Geschichte des Leidens und Sterbens von Jesus in dieser Zeit vor Ostern noch einmal genau ansehen, dann werden wir merken, dass es keineswegs Gottes Wille ist, dass Menschen sterben müssen und ihr Blut vergießen durch die Hand anderer. Es sind immer wir Menschen, die Menschen zu Opern machen – leider, leider immer wieder auch im Namen Gottes, im Namen einer Religion. Auf Menschenrechte und Demokratie haben religiöse Fanatiker noch nie Rücksicht genommen.

Menschen machen Menschen zu Opfern, nicht Gott. Das Besondere an Jesus war, dass er sich nicht auf die Seite der Täter gestellt hat, sondern auf die der Opfer. Er selbst hat das erlitten, was Menschen immer wieder einander antun. Damit ist er den Weg ganz konsequent zu Ende gegangen, den er uns gezeigt hatte: Den Weg der Liebe, den Weg der Gewaltlosigkeit, den Weg der Vergebung. Dafür hat er den Kopf hingehalten.

Er hat nicht nur kluge Ansprachen gehalten, nicht nur fromm geredet, sondern er hat bis zur letzten Konsequenz, bis zum Tod am Kreuz, diesen Weg durchgehalten – diesen Weg, der als einziger zur Quelle führt, zur ewigen Seligkeit. Weil Christus diesen Weg zu Ende gegangen ist, sind wir frei, dasselbe zu tun; sind wir frei, aus unserem Glauben heraus zu leben – und nicht aus den ererbten Sachzwängen heraus, die uns die Gesellschaft vorschreiben will. Weil Christus für uns gestorben ist, dürfen wir leben und lieben, glauben und hoffen. Amen.

Fürbitten

Herr Jesus Christus,
du hast uns erlöst.
Du hast einen hohen Preis dafür gezahlt,
dass wir den Weg finden, der zum Heil führt;
weg von der alten Väter Weise.
Dafür danken wir dir von Herzen.

Wir bitten dich nun um dieselbe Kraft,
die dich so stark gemacht hat,
dass du Leid und bitteren Tod auf dich nehmen konntest
für den neuen Weg,
den du uns gezeigt hast:
Schenke uns deinen Geist,
den Heiligen Geist der Liebe,
der in dir so stark war
wie in keinem anderen Menschen vor dir.

Als deine Kirche haben wir die Aufgabe,
diesen neuen Weg allen zu zeigen,
die noch gefangen sind in der Sinnlosigkeit
und Vergänglichkeit eines rein diesseitigen Lebens.

Gib uns den starken Glauben,
die brennende Liebe zu unseren Mitmenschen
und die Hoffnung auf eine andere Welt,
die wir dazu brauchen.

Damit einst alle Menschen heil und heilig werden,
lass uns mit den Fröhlichen feiern,
den Sterbenden neuen Mut geben
und die Trauernden trösten.
Wir beten, wie wir es von dir gelernt haben:...

Laetare: Phil 1,15-21

Streiten oder freuen?

gehalten am 13. März 1988 in Lägerdorf

Liebe Gemeinde,
was Christen glauben, das muß man an ihrem Lebenswandel ablesen können. Wer von Jesus Christus redet, wer seine gute Nachricht den Menschen weitersagt, der muß doch eigentlich auch danach handeln. Sonst wird er doch unglaubwürdig, oder? Und wenn die Überbringerin oder der Überbringer einer Botschaft schon nicht glaubhaft ist, dann wird wohl auch kein Mensch die Botschaft selber glauben.

Diesen Ansprüchen begegne ich oft - vor allem, wenn ich mit Menschen rede, die der Kirche seit jeher eher ablehnend gegenüberstehen. Nun entspringen solche Forderungen ja der alltäglichen Erfahrung, und sie entsprechen voll und ganz der menschlichen Vernunft. Aber gibt es auch nur einen Menschen, der sie einhalten könnte?

Wenn man den Brief liest, den der Apostel Paulus an die Philipper geschrieben hat, dann könnte man den Eindruck bekommen, daß er so ein Mensch gewesen ist. Überall, wo er hinkam, hat er unerschrocken das Evangelium von Kreuz und Auferstehung unseres Herrn Jesus Christus verkündigt. Und er hat nicht nur darüber geredet. Vielmehr war er auch bereit, <u>das</u> Kreuz aufzunehmen und zu tragen, das für ihn ganz persönlich aufgerichtet worden ist. Er hat zu seinem Wort gestanden, auch als er deswegen ins Gefängnis geworfen wurde. Und selbst seine Gefangenschaft und die Gerichtsverhandlung haben noch zur Verbreitung der Guten Nachricht beigetragen.

Paulus schreibt: "Die Beamten am Sitz des Statthalters und alle, die meinen Prozeß verfolgt haben, wissen jetzt, daß ich angeklagt bin, weil ich Christus diene". Das mutige Zeugnis des Apostels hat nicht nur die Gegner des Christentums beeindruckt. Es hat auch den Glaubensbrüdern neuen Mumm gegeben, die an dem Ort wohnten, wo Paulus gefangen war. Sie fühlen sich ermutigt, sich nun ebenfalls öffentlich zum Gekreuzigten zu bekennen. Aber die Art und Weise, wie einige von ihnen das tun, scheint dem Apostel nicht zu gefallen. Er schreibt nach Philippi[1]:

> *"Einige zwar predigen Christus aus Neid und Streitsucht, einige aber auch in guter Absicht: Sie tun es aus Liebe, denn sie wissen, daß ich zur Verteidigung des Evangeliums hier liege. Die anderen allerdings verbreiten die Botschaft von Christus in unehrlicher und eigennütziger Absicht. Sie wollen mir in meiner Gefangenschaft Trübsal bereiten. Aber was macht das? Wenn nur Christus verkündigt wird auf jede Weise, ob mit Hintergedanken oder in Wahrhaftigkeit, so freue ich mich darüber.*
>
> *Aber ich werde mich auch weiterhin freuen; denn ich weiß, daß mir dies zum Heil ausgehen wird durch euer Gebet und den Beistand des Geistes Jesu Christi. Ich hoffe und erwarte voll Zuversicht, daß ich in keinem Stück zuschanden werde, sondern daß frei und offen - wie allezeit so auch jetzt - Christus verherrlicht werde an meinem Leibe, ob ich nun am Leben bleibe oder sterbe. Denn Christus ist mein Leben, und Sterben ist mein Gewinn".*

Vor ein paar Tagen erst habe ich mit einem jungen Mann geredet, der aus der Kirche ausgetreten ist. Und da habe ich es wieder einmal zu hören gekriegt, was so viele Leute sagen: "Tja", sagt er, "also, an die Bibel glaub ich ja, und auch an Gott und so. Wenn er man bloß nicht so ein abscheulich schlechtes Bodenpersonal hätte! Nee, die Kirche ist nichts für mich.

---

[1] Übersetzung: Luther 84

Ich kenne da jemanden aus unserer Familie, der geht regelmäßig zur Kirche, und dann legt er immer noch, so daß alle es sehen können, einen dicken 50,-DM-Schein in die Kollekte. Aber für uns hat der nicht mal eine müde Mark über. Der redet noch nicht mal mehr mit uns! Der will doch da nur sein schlechtes Gewissen beruhigen, in der Kirche. Das sind doch alles Pharisäer, die da hingehen!

Und dann diese Pastoren: Nichts für ungut, Herr Pastor, aber bei den meisten von ihren Kollegen, da hat man doch das Gefühl, die reden da nur über sich selber, statt über Gott. Die benutzen doch die Kanzel, um ihre eigenen Ideen unter das Volk zu bringen - ihre eigene politische Meinung, oder ihre eigenen theologischen Utopien ... !".

Ich war drauf und dran, diesem Mann von ganzem Herzen recht zu geben. Wie oft habe ich mich nicht schon selber über die Pharisäer unter uns geärgert; und über die Schriftgelehrten, die immer so tun, als wären sie die Größten und wüßten alles über Gott. Bei vielen Menschen, die andauernd von Christus sprechen und Enthaltsamkeit predigen, habe ich den Eindruck, daß sie in Wirklichkeit nur neidisch sind auf die anderen Sünder - weil sie nicht mehr so recht mithalten können: "Gar mancher ist für Sittsamkeit aus Mangel an Gelegenheit..."[2].

Und dann der ewige Streit um die einzig selig-machende Wahrheit! Alle sagen sie, es gehe ihnen um Christus und sein Wort, aber am Ende streiten sie sich nur um des Streites willen. Keiner will zurückstecken, zugeben, daß auch der andere mal rechthaben könnte. Je höher die Stellung innerhalb der Gemeinde Jesu Christi, desto höher scheint die Angst zu sein, eigene Fehler zuzugeben. Man könnte ja an Prestige verlieren!

---

[2] Wilhelm Busch, „Die fromme Helene“

Mir geht es da wie Paulus in seinem Gefängnis. Der hatte ja auch das Gefühl, daß manche Leute nur von Christus predigen, um ihn zu ärgern: "Sie wollen mir in meiner Gefangenschaft Trübsal bereiten". Aber Paulus hat dazugelernt. Noch während er das schreibt, wird ihm bewußt, daß er da einen Fehler macht. Er merkt: "Um mich kann es doch nicht gehen! Es kann doch nicht sein, daß es nur von mir allein abhängt, was aus der Sache des Evangeliums wird! Ich darf mich selber nicht so wichtig nehmen! Wer sagt mir, daß ich als einziger die Dinge richtig sehe, und daß diese neidischen alten Jungfern und diese aufgeblasenen Streithammel nur Unrecht haben? Ich stecke doch in keinem Menschen drin, und so weiß ich doch in Wirklichkeit gar nicht, wer Christus in unehrlicher und eigennütziger Absicht predigt, und wer aus Liebe!"

Und deswegen kann er dann schreiben: 'Die Hauptsache ist doch, daß überhaupt Christus verkündigt wird - auf jede Weise! Was macht es dann, ob ich nun am Leben bleibe oder sterbe?' Christus ist mein Leben, das weiß ich. Und Er wird leben, auch wenn ich schon lange tot bin. Er lebt da, wo sein Wort verkündigt wird, wo Menschen in seinem Namen versammelt sind; wo sie versuchen, in seinem Geiste zu leben und füreinander da sind, miteinander beten.

Das Weizenkorn, das in die Erde fällt, muß sterben. Es muß seine Gestalt ändern und wachsen, wenn es Frucht bringen will. Sonst bleibt es allein. Zum Wachsen braucht es Wasser. Und so, wie der Weizen das Wasser braucht, brauchen wir den Heiligen Geist, wenn wir im Glauben wachsen wollen und wenn wir wollen, daß unser Reden von Christus Früchte trägt.

Das ist ein Grund zu großer Freude. Denn genauso, wie ich es nicht regnen lassen kann, kann ich nichts dazu oder dagegen tun, daß der Heilige Geist kommt. Ich brauche nicht mehr über Gottes unfähiges Bodenpersonal zu schimpfen. Denn ich weiß: Gott selber bewirkt immer wieder neu das Wunder, daß sein Name gerade durch den Mund der Unwürdigsten verherrlicht wird.

Ich brauche mich auch nicht mehr voller Selbstzweifel zu fragen, ob ich denn nicht vielleicht selber einer von diesen Pharisäern bin, ob ich nicht selber oft eigensüchtige Absichten habe, wenn ich hier auf die Kanzel steige - ein erhebendes Gefühl! -, ob ich nicht selber voller Neid und Streitsucht stecke. Ich weiß genau, daß das manchmal so ist. Aber ich weiß auch: Der HErr vergibt mir, daß ich so bin.

Es liegt nicht an mir, ob das Wort vom Kreuz gläubige Aufnahme findet. Kein einzelnes Gemeindeglied kann durch sein Verhalten die Kirche so unglaubwürdig machen, daß Gottes Wort nicht mehr gehört wird. Allein der Heilige Geist kann es bewirken, daß aus der Predigt ein Glaube erwächst, ein Glaube, der sich auch im Lebenswandel der Glaubenden niederschlägt: "*Christus ist mein Leben*".

Leben, wirklich leben, mit Christus leben -das bedeutet anders leben, als wir es gewohnt sind. Wir sind es gewohnt, Trübsal zu blasen. Vor der Zukunft hab en wir Angst. Unser Leben besteht aus Essen, Arbeiten - und Schlafen. Und - da war doch noch was? - ja, richtig, da war doch noch was: Fernsehen. Und hin und wieder ein kleines Stückchen Glück.

In dem Leben, wie es der Heilige Geist schenkt, hört das Leiden nicht auf. Und trotzdem wird die Trübsal von Freude abgelöst: Paulus kann selbst im Gefängnis, unter Todesgefahr, noch von der Frohen Botschaft reden. Vor der Zukunft brauchen wir keine Angst mehr zu haben, weil Gott uns Hoffnung schenkt - die Hoffnung, daß sein Reich komme. Und wer im Geiste Jesu Christi lebt, der findet nicht nur ein kleines Glück. Jesus hat es uns versprochen: Wer sein Kreuz aufnimmt und ihm nachfolgt, der wird die ewige Seligkeit finden - ein Glück, das vollkommen ist und auch mit dem Tod nicht endet.

Zu dieser neuen Art zu leben gehören Liebe – und Verzeihen können. Der Heilige Geist bewirkt, daß Menschen wieder miteinander reden, die sich vorher nichts zu sagen hatten. Streit, Neid und Selbstsucht werden aus der Welt geschafft, wo der Geist Gottes das Ruder übernimmt. Dieses neue Leben voller Glück und Frieden, das kann kein Mensch alleine finden. Das gibt es nur bei Jesus Christus und in der Gemeinschaft mit ihm. Denn: "Jesus lebt, in ihm auch ich". Der neue Leib, in dem er lebt, das ist die Kirche. Und wenn es in der Kirche auch noch so viele Pharisäer gibt, noch so viele Heuchler und Scheinchristen: Wer sich von ihr trennt, der trennt sich auch von Christus. Ohne ihn ist neues Leben nicht möglich. Amen.

Fürbitten

Herr Jesus Christus,
in dir ist Freude in allem Leide,
das du für uns durchgestanden hast.
Wir danken dir,
dass du uns den Weg zum ewigen Leben gezeigt hast
und dass du diesen Weg
bis zu seinem bitteren Ende gegangen bist.

Wir bitten dich:
Schenke uns wieder Freude am Evangelium.
Hilf uns, Gott zu lieben,
so wie du es getan hast:
Von ganzem Herzen,
mit vollem Verstand und allen Sinnen,
mit ganzer Kraft.

Die Lebensfreude,
die wir dadurch bekommen,

lass ansteckend wirken
auf alle Menschen, die noch gefangen sind
in alten Zwängen und neuerlichem Fanatismus,
im Gefängnis und in Todesangst.
Befreie sie aus dem alten Leben und aus ihren Zellen.

Besonders bitten wir dich für Menschen,
die für ihren Glauben an dich im Gefängnis sitzen.
Lass sie nicht die Hoffnung verlieren
und hilf ihnen in den schweren Stunden,
die sie vor sich haben.
Schenke allen Menschen die Freiheit,
an dich zu glauben und für dich zu leben,
wie es die Apostel taten.
Gemeinsam beten wir dein Gebet:...

Judika: 4. Mose 21,4-9

Gesundheit für Leib, Seele und Geist

Gehalten am 2. April 2006 in Lägerdorf*

Liebe Gemeinde,
was ist das denn? Wer hat denn da ein heidnisches Symbol auf unserem Lesepult angebracht? Das kann doch wohl nicht angehen! Können Sie erkennen, was das sein soll? – Sieht aus, wie eine Schlange auf einem Stab, um den sie sich windet. Kennt jemand dieses Symbol? Wo haben Sie das schon mal gesehen?

Richtig: Arztpraxen haben so etwas – sogar noch auf dem Raumschiff Enterprise -; auch vor Apotheken kann man es sehen. Diese Schlange ist das Symbol des Gottes Asklepios. Bei den Römern hieß er Äskulap und war der antike Gott der Heilkunde. Aber was hat das denn in unserer Kirche zu suchen? Wir kümmern uns hier doch nicht um Heilung, sondern nur um das Seelenheil der Menschen, oder? – Ich sag mal: Gesund werden, heil an Leib und Seele, kann nur jemand, der durch den Geist das Heil gefunden hat.

Aber dieses Symbol ist doch eigentlich merkwürdig! Warum ausgerechnet eine Schlange? Die bringen wir doch sonst nicht unbedingt mit Gesundheit in Verbindung, oder? Bei Schlangen denken wir doch sonst eher als erstes: „I – die sind doch giftig!". Womöglich bringen die einen sogar um, wenn man an die falsche gerät.

Und dann: War da nicht mal etwas mit dem Paradies und der Schlange? – Das ging ja wohl ziemlich daneben, damals! Was hatte die Schlange zu Adam und Eva gesagt? – „Sssolte Gott gesssagt haben, diessse Frucht dürft ihr nicht esssen?" – Schon war er reingefallen, der Mensch: In die Sünde! Der Sündenfall fing mit der Schlange an.

Aber – anders gedacht, ein bisschen weiter gesponnen: Was wäre, wenn wir damals nicht auf die Schlange gehört hätten; wenn Adam und Eva nicht so neugierig gewesen wären; nicht „nein“ gesagt hätten zu Gottes Geboten; nicht ihre eigenen Wege gegangen wären? – Dann wären wir jetzt sicher noch in aller Unschuld eins mit der Natur – aber wir hätten keine menschliche Kultur; denn dann wären wir immer noch auf dem Stand der Tiere. Wir hätten uns niemals aus der Tierwelt erhoben. Die „Sünde“ ist eigentlich genau das, was uns Menschen zu Menschen macht – und was uns gleichzeitig unterscheidet von Gott. Also hat die Schlange vielleicht doch nicht nur Unheil angerichtet?

In der Antike galt die Schlange zum Einen als das listigste aller Lebewesen. Sie war klug und weise, konnte Menschen auf den richtigen Weg bringen, wenn sie nicht gerade wieder mit gespaltener Zunge gesprochen hat. Dass sie jedes Jahr ihre alte Haut ablegt, sich häutet und dann in neuer Gestalt wieder erscheint, das erschien den Menschen damals wie ein Wunder - Christen haben es später auf die Auferstehung gedeutet. Das Alte muss erst einmal absterben, gehen, damit neues Leben wachsen kann.

So können wir verstehen, warum die Schlange als Symbol der Heilkraft gilt. Aber warum dieser Stab? Die Menschen, die der Frage nachgegangen sind, wo dieser Stab herkommt, sagen überwiegend, das sei wohl mal ein Wanderstab gewesen, auf den sich Äskulap gestützt hatte, wenn er weit über Land gereist ist, um die Menschen gesund zu machen: Ein Zeichen für Weltoffenheit und Weite und dafür, dass man herumkommt.

Ich möchte aber auch nicht ganz ausschließen, dass dieses Symbol, die Schlange auf dem Stab, beeinflusst worden ist durch eine Geschichte, die im Alten Testament überliefert worden ist. Sie steht im 4. Buch Mose und ist für heute unser Predigttext:

Die Israeliten brachen vom Berg Hor auf und schlugen die Richtung zum Schilfmeer ein, um Edom zu umgehen. Unterwegs aber verlor das Volk den Mut, es lehnte sich gegen Gott und gegen Mose auf und sagte: „Warum habt ihr uns aus Ägypten heraufgeführt? Etwa damit wir in der Wüste sterben? Es gibt weder Brot noch Wasser. Dieser elenden Nahrung sind wir überdrüssig".

Da schickte der Herr Giftschlangen unter das Volk. Sie bissen die Menschen und viele Israeliten starben. Die Leute kamen zu Mose und sagten: „Wir haben gesündigt, denn wir haben uns gegen den Herrn und gegen dich aufgelehnt. Bete zum Herrn, dass er uns von den Schlangen befreit".

Da betete Mose für das Volk. Der Herr antwortete Mose: „Mach dir eine Schlange und häng sie an einer Fahnenstange auf! Jeder, der gebissen wird, wird am Leben bleiben, wenn er sie ansieht".

Mose machte also eine Schlange aus Kupfer und hängte sie an einer Fahnenstange auf. Wenn nun jemand von einer Schlange gebissen wurde und zu der Kupferschlange aufblickte, blieb er am Leben.

Das ist doch eigenartig, oder? Was macht Mose da? Als Gott ihm die Zehn Gebote gegeben hat, damals am Berg Sinai, gleich zu Beginn der Wüstenwanderung, da ist er doch zu Recht ziemlich böse geworden. Er ist aus der Haut gefahren, weil die Leute im Tal sich inzwischen ihren eigenen Gott gemacht hatten - das Goldene Kalb - und darum herumgetanzt sind und dieses Kalb angebetet haben.

„Götzendienst", hat Mose gesagt: „Kaum bin ich mit Gott in Kontakt, kaum hat Er uns die Gebote gegeben, schon habt ihr das Erste und wichtigste gebrochen: Ich bin der HErr, dein Gott, du sollst keine anderen Götter haben neben mir". Und jetzt? – Jetzt macht er selber so ein eigenartiges Götzenbild: Eine Schlange aus Kupfer!

Diese Schlange ist noch Jahrhunderte später im Tempel ausgestellt worden; und wie selbstverständlich haben die Leute sie auch angebetet, so wie man es in anderen Kirchen tut mit Heiligenbildern und Marienstatuen und unzähligen anderen Dingen, denen Wunderkraft zugesprochen wird. Aber ist das nicht eigentlich auch Götzendienst? Ist das nicht ein Verstoß gegen das Gebot, wir sollen uns kein Bildnis machen von Gott?[1]

Warum hat Mose das gemacht mit dieser Schlange? Naja: Im Text steht, Gott selbst habe es ihm so gesagt: „Bau diese Schlange“. Aber ob das stimmt? Außer Mose konnte damals ja niemand Gottes Stimme hören. Ob das nun wirklich so war, dass Gott es ihm gesagt hatte, oder ob Mose selbst diese geniale Idee hatte und sie als Gottes Auftrag ausgegeben hat, das werden wir wohl niemals herausfinden können. Geholfen hat es jedenfalls: Die Leute, die von den Schlangen gebissen wurden, die sind ja gesund geworden, als sie die kupferne Schlange auf dem Stab angesehen haben. Wie kann das angehen?

Gegengift wird ja oft aus Gift hergestellt. Die alte Heilkunst der Homöopathie basiert auf dem Grundsatz, man solle Gleiches mit Gleichem heilen: Gift mit Gift zum Beispiel. Aber hilft das wirklich? Bringt das was, einfach so eine Schlange anzugucken und, zack, wird man gesund?
Der König Hiskia, viele hundert Jahre nach Mose, in einer Zeit, als die Israeliten längst das Heilige Land erreicht hatten und dort heimisch geworden waren, der hat die kupferne Schlange aus dem Tempel entfernen lassen, weil er eben gesagt hat: „Das ist heidnischer Götzendienst; das hat im Tempel, in Gottes Haus, nichts zu suchen“.

---

[1] Dieses Gebot wird in der Bibel sowie in der reformierten Kirche und in der jüdischen Religion als Zweites der 10 Gebote gezählt. In der Lutherischen Kirche wird es, wie auch in der Katholischen Kirche, zum ersten Gebot gerechnet.

Und so wollen wir dieses Bild von der Schlange auch mal entfernen: Sie hat ja wirklich nichts zu suchen an unserem Lesepult! Und was kommt darunter zum Vorschein, hinter der Schlange? - Das, worauf wir sehen sollen, wenn wir heil werden wollen: Das Kreuz! Das Kreuz, an dem Jesus gestorben ist – wir haben es in jedem Gottesdienst vor Augen, an mehreren Stellen in der Kirche.

Das Kreuz von Jesus Christus, das ist für uns das Zeichen, in dem wir heil und gesund werden. Jesus ist den Weg ans Kreuz nicht freiwillig gegangen, nicht gerne, nicht, weil er so verliebt war in das Leiden, oder weil er sich so gerne aufopfern wollte. Er ist diesen Weg bis ans bittere Ende am Kreuz gegangen, weil er uns damit etwas klar machen wollte.

Wenn wir auf das Kreuz sehen, dann sehen wir all das Unrecht, das Menschen einander antun. Die Welt damals, als Jesus lebte, war gepflastert mit solchen Kreuzen: Ganze lange Straßen; Kreuz an Kreuz; überall sterbende, gestorbene Menschen – Opfer der Gewalt; staatlicher Gewalt. Der Friede des Kaisers Augustus beruhte nur auf brutaler Gewalt, den Schwertern seiner Soldaten.

Auch heute geschieht millionenfach, milliardenfach Unrecht, das Menschen einander antun. Einer gönnt dem anderen nicht die Butter aufs Brot, oder seinen Glauben, oder überhaupt das Existenzrecht: „Du gehörst zum falschen Volk, zum falschen Stamm; du siehst anders aus als ich – du hast kein Recht zu leben“.

Das Kreuz ist das Zeichen für das Unrecht, das wir Menschen begehen. Wenn wir auf den Gekreuzigten sehen und bedenken, was er getan und gesagt hat und an den Weg denken, den er uns gezeigt hat, den Weg, der zum Heil führt, den Weg der Nächstenliebe, der Verständigung, der Liebe, dann wissen wir, wie wir heil werden können – wie wir geistiges Heil erlangen können und wie wir an Leib und Seele gesund werden. Wenn Einer dem Anderen hilft, wenn wir uns beistehen in Unheil, Krankheit und Not; wenn wir das tun, was Jesus uns vorgelebt hat, dann können wir gesund werden und heil. Amen.

Fürbitten

Herr Jesus Christus,
durch deinen Tod am Kreuz
hast du uns unsere Sünde vor Augen geführt.
Wenn wir auf dein Kreuz schauen,
sehen wir, welches Unheil wir Menschen anrichten.

Hilf uns, dass wir genesen
von dem Gift, das die alte Schlange verspritzt,
die uns immer wieder verführen will,
nicht den Willen deines himmlischen Vaters zu tun,
sondern das, was uns und unseren Interessen dient.

Du hast deine Jünger in die Welt gesandt, um sie zu richten.
Wir sollen sie nicht zu Grunde richten,
sondern in Ordnung bringen.
Das ist der Auftrag, den wir als deine Kirche heute haben.

Darum lass uns mutig Unrecht aufzeigen, wo es geschieht
und Schritte wagen, um es aus der Welt zu schaffen.

Im Zeichen deines Kreuzes
wollen wir nie wieder Kreuzzüge führen,
sondern Wunden heilen,
Trauernde trösten,
Sterbenden beistehen,
Kranken neuen Mut machen
und eine bessere Politik machen,
die den Menschen nützt.

So lass uns mit ganzer Kraft dafür arbeiten,
dass wahr wird, wofür du gestorben bist
und wofür wir jetzt mit deinen Worten beten:...

Palmarum: Jesaja 50,4-9

Der leidende Triumphator

Gehalten am 27. März 1988 in Lägerdorf

Liebe Gemeinde,

„Jesus Christus herrscht als König", haben wir gerade gesungen[1]. Und in der Tat haben wir ja gerade im Evangelium[2] davon gehört, wie glanzvoll Jesus in Jerusalem eingezogen ist – fast so wie es die römischen Kaiser und Feldherren taten, wenn sie wieder einmal einen Krieg gewonnen hatten. Die Leute haben ihm zugejubelt, haben ihm Kleider und grüne Zweige auf den Weg gelegt – heute würde man stattdessen den roten Teppich ausrollen -; und sie haben dasselbe gerufen wie bei einem kaiserlichen Triumphzug: „Hosianna". Das heißt so viel wie „hilf und doch, Herr" oder auch: „Herr, erbarme dich". Als Antwort wurden dann meist Geschenke an die Armen verteilt – fast so wie die Kamelle beim Rosenmontagszug.

Allerdings war der Herrscher, der da in Jerusalem einzog, dann doch ein ganz anderer, als die Menge es erwartet hätte: Da kam kein Großer Feldherr in schimmernder Rüstung, hoch zu Roß und mit Gold und Purpur verkleidet. Jesus ritt auf einem Esel, dem Arbeitstier der weniger begüterten Landbevölkerung. Das ist in etwa so, als wenn der Papst auf einem Trecker führe. Und auch sonst war der, der da kam, keine strahlende Lichtgestalt. Er kam nicht, um zu herrschen, sondern um den Menschen zu dienen.

Vielleicht glich er darin einer Gestalt, die der Prophet Jesaja an einigen Stellen in seinem Buch beschreibt: Dem leidenden Gottesknecht. Eine dieser Stellen ist unser heutiger Predigttext. Ursprünglich war er wohl mal ein Lied. Es steht bei Jesaja im 50. Kapitel:

---

[1] EG Nr. 123

[2] Johannes 12,12-19

Gott der HERR hat mir eine Zunge gegeben, wie sie Jünger haben, daß ich wisse, mit den Müden zu rechter Zeit zu reden. Alle Morgen weckt er mir das Ohr, daß ich höre, wie Jünger hören. Gott der HERR hat mir das Ohr geöffnet. Und ich bin nicht ungehorsam und weiche nicht zurück.

Ich bot meinen Rücken dar denen, die mich schlugen, und meine Wangen denen, die mich rauften. Mein Angesicht verbarg ich nicht vor Schmach und Speichel. Aber Gott der HERR hilft mir, darum werde ich nicht zuschanden. Darum hab ich mein Angesicht hart gemacht wie einen Kieselstein; denn ich weiß, daß ich nicht zuschanden werde.

Er ist nahe, der mich gerecht spricht; wer will mit mir rechten? Laßt uns zusammen vortreten! Wer will mein Recht anfechten? Der komme her zu mir! Siehe, Gott der HERR hilft mir; wer will mich verdammen? Siehe, sie alle werden wie Kleider zerfallen, die die Motten fressen.

Der Gottesknecht sagt: "*Gott der HErr hat mir eine Zunge gegeben, wie sie Jünger haben*". Was für eine besondere Zunge haben denn Jünger? Oder, vielleicht sollten wir erst einmal fragen: „Was genau ist denn ein Jünger?“

Das Wort, das Jesaja benutzt, heißt ursprünglich nur „Schüler“. Die Propheten des Alten Testaments, wie auch gelehrte Rabbis zu der Zeit, als Jesus lebte, scharten Schüler um sich. Anders als es an heutigen Schulen üblich ist, teilten sie mit ihnen ihre Zeit und lehrten sie nicht nur, die heiligen Schriften zu lesen, sondern vor allem auch, sie zu verstehen. So blieb es nicht aus, dass sie in der Regel von ihren Jüngern hoch verehrt wurden – manchmal sogar wie überirdische Wesen.

Genau das hatte Jesus zu vermeiden versucht, als er 12 Jünger berief und sie bat, ihm nachzufolgen. Er legte immer Wert auf die Feststellung, dass er nicht ihr Meister sein wollte, sondern ihr Bruder. Was er ihnen allerdings vom Reich Gottes erzählt hat, das hat nicht jeder so ohne weiteres verstehen können. Und das lag nicht am Bildungsstand! Jesus sprach zu den Menschen in ihrer eigenen Sprache, mit sehr weltlichem Bezug und so, dass ihn auch weniger gebildete Leute verstehen konnten. Aber er sprach von Dingen, die weit über unseren Verstand hinausgehen.

Die Jünger des Herrn Jesus waren keine gebildeten Leute. Aber sie haben verstanden, was der Meister ihnen gesagt hat. Nur eines verstanden sie nicht: Warum Jesus immer in Gleichnissen zu den Leuten geredet hat. Und sie haben ihn darauf angesprochen. "Meister", haben sie gefragt, "Meister, warum redest du nicht Klartext? Warum sagst du den Leuten nicht ganz konkret, was sie zu tun und zu lassen haben - als Christen? Du sprichst immer nur in Bildern. Aber ein Bild kann doch jeder auf seine eigene Weise verstehen und deuten. Warum tust du das bloß?"

Jesus antwortete: "Ich rede deshalb zu ihnen in Gleichnissen, weil sie sehen und doch nicht sehen, weil sie hören und doch nichts hören und nichts verstehen. An ihnen erfüllt sich die Weissagung Jesajas: 'Hören sollt ihr, hören, aber nicht verstehen; sehen sollt ihr, sehen, aber nicht erkennen. Denn das Herz dieses Volkes ist hart geworden, und mit ihren Ohren hören sie nur schwer, und ihre Augen halten sie geschlossen, damit sie mit ihren Augen nicht sehen und mit ihren Ohren nicht hören, damit sie mit ihren Herzen nicht zur Einsicht kommen, damit sie sich nicht bekehren und ich sie nicht heile'.

Ihr aber seid selig", fuhr er fort, "Ihr aber seid selig, denn eure Augen sehen und eure Ohren hören."! Die Menschen, zu denen Jesus sprach, haben ihn nicht verstehen wollen. Bilder sind unvergänglich. Wer Augen hat zu sehen und wer hören kann, so wie ein Jünger hört, der versteht diese Bilder. Der braucht niemanden, der sie ihm erst erklären muß. Und wer so ist wie ein Jünger, der sagt auch weiter, was er oder sie gesehen und gehört hat. Der spricht zu denen, die müde geworden sind, die ihren Glauben verloren haben, die im Leben keinen Sinn sehen.

Aber - wer eine Zunge hat, wie sie Jünger haben, der muß auch damit rechnen, daß er oder sie genauso auf taube Ohren stößt wie Jesus damals. Genau wie der Gottesknecht aus dem Lied muß er oder sie mit Schlägen rechnen. Wenn wir z.B. so handeln, als hätten wir noch eine 2. Welt im Kofferraum, dann ist das ein Schlag ins Gesicht dessen, der diese Erde geschaffen und Seinen Sohn gesandt hat, um sie zu erhalten.

Statt mit *Schmach und Speichel* müssen wir heute damit rechnen, daß wir klein gemacht werden und als verächtlich und gering angesehen werden. So ist es Jesus auch ergangen in der Woche, die mit seinem triumphalen Einzug in Jerusalem begann: Der Triumphator wird erhöht – aber er wird nicht auf die Schultern gehoben, wie ein erfolgreicher Fußballspieler. Auch wird er nicht auf einen Thron gesetzt. Vielmehr wird er auf dem Hügel Golgatha ans Kreuz geschlagen.

Aber: Wer wie Jesus und seine Jünger an dieser Welt leidet, an dem Kreuz, daß die Menschen von Gott und seiner neuen Welt nichts wissen wollen, der bekommt durch seinen Glauben neue Kraft, um das alles durchzustehen. So wie der Gottesknecht: "*Aber Gott der HErr hilft mir, darum werde ich nicht zuschanden*"! Der Menschensohn muß erhöht werden, damit alle, die an ihn glauben, das ewige Leben haben[3].

---

[3] Johannes 3,14f, der Wochenspruch für Palmarum

Der Gottesknecht weiß, daß er im Recht ist. Er hat Gott auf seiner Seite. Darum wird er leben. Ewig leben. Anders leben als die anderen, die ihm so zu schaffen machen. Diese anderen-verlassen sich auf ihr Bankkonto, auf ihre Gesundheit, auf ihr schnelles Auto und ihre sichere Stellung, auf Frau und Kinder oder auf ihre guten Freunde. Aber all das wird untergehen und sterben. Alles, was in dieser Welt Bedeutung hat und wichtig ist, wird zerfallen wie Kleider, die die Motten fressen. Ein Jünger aber verläßt sich nur auf Gott. Auf Glaube, Hoffnung und Liebe, diese drei. Auf die Wahrheit, die Gerechtigkeit, den Frieden Gottes. Denn er weiß: all das hat kein Ende. Denn Gott allein ist ewig.

Wenn wir seine Jünger sein wollen, dann gehören wir zu Ihm - auf immer und ewig und überall, wo wir sind: Mit Haut und Haaren und mit Herz und Verstand. Aber - wie wird man Jesu Jünger? Die Antwort gibt der Taufspruch für Tobias: "ein hörendes Ohr und ein sehendes Auge, das macht beides der HErr[4]". Der HErr selber gibt uns eine Zunge, wie sie Jünger haben. Er selber weckt uns alle Morgen das Ohr, daß wir hören können, wie Jünger hören.

Jesus hat sich seine Jünger selber ausgesucht und hat jeden einzelnen persönlich berufen. Keiner konnte aus eigenem Entschluß und aus Lust und Laune mit ihm ziehen. Heißt das, wir können selber gar nichts tun, um zu Jesus zu kommen? Genauso ist es. Das einzige, was wir tun können, das ist: Von ihm die Taufe zu empfangen und darum zu beten, daß wir mit jedem neuen Tag im Glauben weiterwachsen. Wir dürfen voller Hoffnung zu Gott beten, daß er jedem einzelnen von uns den Weg in sein ewiges Reich zeigen wird. Und wir dürfen beten, daß er uns, aus Liebe vergibt, wenn wir einmal wieder von dem Wege abgekommen sind, der in der Taufe begonnen hat. Amen.

---

[4] Sprüche 20,12

Fürbitten

Herr Jesus Christus,
du bist der König, der einst die ganze Welt regieren soll
mit Frieden und Gerechtigkeit.
Doch du trittst nicht so auf wie die Herren dieser Welt,
sondern wie ein Diener – als leidender Gottesknecht.
Wir danken dir, dass du dich so auf eine Stufe stellst
mit uns sündigen Menschen
und mit allen, die unter den Folgen der Sünde bis heute leiden müssen.

Wir bitten dich für alle,
die aus politischen oder religiösen Gründen verfolgt sind:
Bewahre sie an Leib und Leben
und führe ihre Sache zum Sieg, wenn sie gerecht ist.
Wo immer die Machthaber Kreuze aufstellen,
mach du einen Baum des Lebens daraus.

Gib, dass wir, die wir auf deinen Namen getauft sind,
auf dich und dein Wort hören, so wie deine Jünger es taten,
und gib uns den Mut, es weiterzusagen.

Dem Hören lass Taten der Liebe folgen;
und unserem Reden schenke Frucht.
Weil sie dich am Kreuz getötet haben,
wollen wir nun das Werk weiterführen,
das du begonnen hast.
Gib uns dazu Kraft
und den Geist deines Vaters im Himmel.
Zu Ihm beten wir, wie du es uns gelehrt hast:…

Karfreitag: Hebräer 9,15.26-28

Verlangt Gott Menschenopfer?

Gehalten am 14. April 2006 in Lägerdorf

Liebe Gemeinde,
heute ist Jom Kippur. Das heißt auf Deutsch „Tag der Versöhnung" und wird in Israel jedes Jahr groß gefeiert. Zu der Zeit, als die Israeliten noch durch die Wüste irrten, hat Mose dieses Ritual eingeführt. Ein gut gewachsener Ziegenbock wurde symbolisch beladen mit den Sünden des Volkes. Dann wurde dieser Sündenbock in die Wüste gejagt – zu Asasel, einem mächtigen Wüstendämon, der ihn sich dort schmecken ließ. Ein anderer Bock wurde dann im Heiligtum geschlachtet. Mit seinem Blut wurde alles abgewaschen, was zwischen Gott und die Menschen gekommen war.

Das klingt fremdartig für uns. Aber es ist Bestandteil des Alten Bundes, den Gott mit uns Menschen geschlossen hat. Wir lesen davon im „Alten Testament". Bei diesem Wort, „Testament", denken wir automatisch an den letzten Willen eines Menschen, der erst dann in Kraft tritt, wenn der Erblasser gestorben ist. Ursprünglich aber ist damit alles gemeint, was von Zeugen bestätigt wurde: Ein amtliches Dokument, das von einem Notar beglaubigt wird; ein Vertrag, der vor Zeugen geschlossen wurde; ein Bund, den Menschen untereinander oder mit Gott schließen.

Mit dem „Alten Testament" ist also der Bund gemeint, den Gott mit Abraham geschlossen hat. Gott hat ihm versprochen, dass Er ihn reich mit Nachkommen segnen würde und dass diese dann das Land besitzen sollen, das Er ihm zeigen würde. Abraham und seine Nachkommen, die durch die Beschneidung erkennbar sind, sollten dafür Gottes Gebote einhalten und Seinen Namen bekannt machen.

Dieser Bund wurde erfüllt, als Mose das Volk Israel zurück in das Gelobte Land geführt hat. Er wurde in die Zukunft verlängert, als Gott König David angekündigt hat, dass einst einer seiner Nachkommen auf seinem Thron sitzen würde, der die ganze Welt mit Frieden und Gerechtigkeit regieren wird. Der Alte Bund ist also nicht hinfällig. Im Gegenteil: Wenn Gott etwas verspricht, dann hält Er es auch.

Allerdings hat es bis heute noch kein einziger Mensch geschafft, immer und überall auch nur die 10 Gebote einzuhalten – von all den ganzen andern Regeln und Gesetzen mal ganz zu schweigen, die zu jeder Religion gehören. Deshalb war zur Zeit des Alten Bundes der Jom Kippur auch so nötig. Denn der Bund war mit dem Blut von vielen Opfertieren geschlossen worden; und durch das Blut der Beschneidung wurde er bei jedem männlichen Nachkommen bestätigt.

Nach alter Vorstellung konnten Sünden nur durch Blut abgewaschen werden. Damit nun nicht jedes Mal das Blut des Missetäters vergossen werden musste – in diesem Fall wäre die Menschheit sicher schon lange ausgestorben – nahm man eben das Blut des Sündenbocks und seines Kollegen, der auf dem Altar geopfert wurde.

Nun habe ich eingangs gesagt, heute sei Jom Kippur. Heißt das, wir mussten ein Menschenopfer bringen, um von unserer Schuld frei zu kommen? Ist Jesus für uns zum Sündenbock geworden? Müssten wir ihn dann nicht auch alle Jahre wieder neu ans Kreuz schlagen, damit es weiter wirkt? Der Brief an die Hebräer beschäftigt sich ausgiebig mit diesen Fragen. Er ist ja an Menschen gerichtet, die aus dem Alten Bund mit Abraham hervorgegangen sind und also Juden waren, bevor sie zum Christentum übergetreten sind. Im neunten Kapitel heißt es:

> *Jesus Christus ist der Mittler eines neuen Bundes; sein Tod hat die Erlösung von den im ersten Bund begangenen Übertretungen bewirkt, damit die Berufenen das verheißene ewige Erbe erhalten.*

Jetzt aber ist er am Ende der Zeiten ein einziges Mal erschienen, um durch sein Opfer die Sünde zu tilgen. Und wie es dem Menschen bestimmt ist, ein einziges Mal zu sterben, worauf dann das Gericht folgt, so wurde auch Christus ein einziges Mal geopfert, um die Sünden vieler hinweg zu nehmen; beim zweiten Mal wird er nicht wegen der Sünde erscheinen, sondern um die zu retten, die ihn erwarten.

Weil kein Mensch in der Lage war, die Gebote des Alten Bundes einzuhalten, hätten eigentlich alle den Tod verdient. Denn spätestens am Tag nach dem Jom Kippur war ja immer wieder alles beim Alten: Die Kriege gingen weiter; die Armen wurde weiter von den Reichen ausgebeutet; und den lieben Gott ließ man einen guten Mann sein – bestenfalls: Wenn man denn überhaupt noch an Ihn gedacht hat.

Gott will aber nicht den Tod der Menschen. Er will uns erlösen von der tödlichen Macht, welche die Sünde über uns hat. Um Seinen Teil des Alten Bundes einzulösen, ist Er selbst Mensch geworden – ein Spross aus dem Stamm Davids. Durch ihn hat Er mit uns einen neuen Bund geschlossen.

Jesus war ganz und gar Mensch, wie wir alle. Auch er hat gegen die Gebote verstoßen. Das war ja auch der Grund, warum die frommen Pharisäer und Schriftgelehrten ihm nach dem Leben getrachtet haben. Trotzdem war er ohne Sünde, denn was immer er tat, tat er aus dem Geist der Liebe, den der Vater ihm gegeben hatte. So blieb er eins mit Gott bis zu seinem bitteren Ende.

Kein Vater will, dass sein Sohn ums Leben kommt. Ich bin sicher: Gott hat geweint, als die Menschen Sein geliebtes Kind zum Sündenbock gemacht haben. Doch mit dem Blut, das an diesem schwarzen Tag vergossen wurde, sind tatsächlich viele Menschen von ihren Sünden befreit worden: Alle, die an Jesus glauben und von dem überzeugt sind, wofür er gestorben ist.

Jesus hat uns nämlich beigebracht, dass kein Blut vergossen werden muss, um die Welt von der Sünde zu erlösen. Es reicht schlichtes Wasser, das Wasser der Taufe, und der Glaube daran, dass Gott uns liebt, wie ein Vater seine Kinder liebt. Jesus selbst hat diesen Glauben durchgehalten bis ans Kreuz; und deshalb hat Gott ihn nicht im Tod gelassen, sondern auferweckt.

Bei uns ist es allerdings schlecht bestellt um den Glauben. Bei einer Straßenumfrage in unserem christlichen Land wusste mehr als die Hälfte der Befragen nicht, was Ostern geschehen ist – von Karfreitag oder Gründonnerstag mal ganz zu schweigen. In einer Umfrage auf NDR 2 haben nur 17 Prozent angegeben, der Kirchgang sie für sie das Wichtigste. Viel wichtiger ist für die meisten der Besuch des Osterfeuers.

In den Kirchen werden wir am Sonntag allerdings vermutlich nicht einmal die 17 Prozent sehen, sondern wieder einmal nicht viel mehr als ein Prozent unserer Mitglieder. Dieses Osterwochenende wird fast nur noch als ein willkommenes Freizeitangebot gesehen, nicht aber als das höchste Fest der Christenheit.

Ja, liebe Leute, was sollen wir denn dann erwarten, wenn wir leben, als ob es Gott nicht gäbe – und als ob Er nie Sein eigenes Fleisch und Blut gegeben hätte, damit wir glücklich und in Frieden leben können? Soll alles so weitergehen, wie jedes Jahr nach dem Jom Kippur? Sollen wir zusehen, wie unsere Erde der Profitgier der Menschen, dem religiösen Fanatismus und, vor allem, der Gleichgültigkeit dem Nächsten gegenüber zum Opfer fällt? Was soll dann aus der Welt werden?

Und, vor allem: Was soll aus uns werden, wenn wir einmal gestorben sind und unserem Schöpfer gegenüber stehen? Kaum noch jemand rechnet heute mit der Möglichkeit, dass wir gerichtet werden. Aber wie will denn jemand ewig leben, wenn er oder sie hier noch gar nicht angefangen hat zu leben? Wie sollen wir glücklich werden, wenn wir nach wie vor in unsere eigene Sünde verstrickt sind? Wie kann es Frieden geben, wenn wir nicht in uns selbst Frieden haben, Frieden mit Gott?

Jesus hat Gott vertraut und den Neuen Bund begründet: Gott vergibt uns alle unsere Schuld, so wie Jesus seinen Mördern vergeben hat. Er nimmt uns auf in Sein Reich, das hier auf Erden anfängt und in Ewigkeit nicht aufhört. Dafür verlangt Er von uns das, was wir bei unserer Taufe oder spätestens bei der Konfirmation gelobt haben: Tägliche Reue und Buße.

Wer Gottes Zusage glaubt und den Weg gehen will, den Jesus uns voran gegangen ist, für den oder die ist heute Jom Kippur: Der Tag, an dem wir uns erinnern, was Gott alles auf Sich genommen hat, um uns zu retten. Damit hat Er uns gezeigt, wie ernst Er das meint mit Seinem Bund: Wir haben noch etwas zu erwarten, am Ende der Zeit, wenn Jesus wiederkommt zu richten die Lebenden und die Toten. Amen.

Fürbitten

Herr, unser Gott,
lieber Vater im Himmel, Du bist treu.
Du hältst alle Deine Zusagen ein,
auch wenn wir uns ständig an Dir versündigen.

Durch Deinen Sohn Jesus Christus
hast Du einen neuen Bund mit uns geschlossen.
Er musste mit seinem Blut dafür bezahlen,
dass die Menschen Dich und Deine Liebe vergessen hatten.

Doch Du hast nicht zugelassen,
dass sein Tod umsonst war.
Du hast die neue Art zu leben,
die wir von Jesus gelernt haben,
bis heute lebendig erhalten in Deiner Kirche.

Darum bitten wir Dich heute erneut um Vergebung,
dass wir von Deinem Weg abgewichen sind.
Wir essen miteinander das Brot,
das uns zum neuen Leib Deines Sohnes macht;
und wir trinken den Wein,
der das Blut in den Adern dieses Leibes ist,
damit niemand auf der Welt leer ausgehen muss.

Gib uns die Kraft und den Glauben zurück,
die Jesus beseelt haben,
und lass uns mit ihnen die Welt verändern,
damit sie einst so wird,
wie Du sie bei der Schöpfung gewollt hast
und wie sie bei Dir schon ist.
Wir beten für die neue Welt mit den alten Worten,
die wir von Deinem Sohn gelernt haben:...

Ostersonntag: 1. Samuel 2,1-2.6-8

Leben und Tod in Gottes Hand

Gehalten am 16. April 2006 in Lägerdorf*

Liebe Gemeinde,

„Christ ist erstanden" – Jesus lebt, er ist wahrhaftig auferstanden. Dieses österliche Bekenntnis, das war der Beginn unserer christlichen Religion. Ohne Ostern, ohne die Auferstehung von den Toten gäbe es keine Kirche, keinen christlichen Glauben. Wir haben am Gründonnerstag und am Karfreitag gehört, dass Jesus sein Blut vergossen hat, um den alten Bund, den Gott mit den Menschen geschlossen hat, zu erneuern: Das „Neue Testament in seinem Blut". Darum geht es bei unserem Glauben.

Da ist es fast schon ein wenig merkwürdig, dass ausgerechnet heute unser Predigttext aus dem Alten Testament kommt, also aus der Zeit vor Jesus. Aus einer Zeit also, wo die Propheten zwar schon davon gesprochen hatten, dass Davids Sohn kommen würde, aber von der Person Jesus aus Nazareth natürlich noch nichts bekannt sein konnte.

Der Text, den wir gleich hören werden, ist der Lobgesang der Hanna. Wer war Hanna? Sie war eine verheiratete Frau; und ihr Mann Elkana hatte sie sehr lieb, obwohl sie keine Kinder bekam. An Elkana konnte es nicht liegen, denn seine andere Frau, Pennina, gebar ihm jedes Jahr wieder ein Kind. Sie verspottete Hanna oft deswegen, denn Kinderlosigkeit galt zur Zeit des Alten Testaments als Schande. Die einzige Daseinsberechtigung einer Frau bestand zu dieser patriarchalischen Zeit darin, ihrem Mann männliche Nachkommen zu bescheren.

Trotzdem behielt Elkana Hanna lieb. Er hat sie nicht verstoßen, obwohl er das nach dem damals geltenden Recht durchaus hätte tun können. Im Gegenteil: Jedes Jahr ist die ganze immer größer werdende Familie nach Schilo gefahren. Das war damals, bevor der Tempel in Jerusalem gebaut wurde, das höchste Heiligtum in Israel. Dort stand nämlich die Bundeslade: Die Truhe mit den 10 Geboten.

So, wie man später dann sagte: „Nächstes Jahr in Jerusalem", fuhr man damals eben nach Schilo, um das vorgeschriebene jährliche Opfer zu bringen. Beim Opfermahl hat Elkana immer darauf geachtet, dass sie das erste und beste Stück bekam – sie war nun mal sein bestes Stück. Das wollte er ihr damit auch deutlich zum Ausdruck bringen.

Umso mehr hat sie sich gewünscht, ihm doch endlich einen Sohn schenken zu können. Als alle anderen schon voll des süßen Weines waren und sich satt gegessen hatten am Fleisch der Opfertiere, da ging Hanna noch einmal in das Heiligtum und betete. Der Priester Eli sah sie dort am Altar stehen; und weil sie nichts sagte, sondern nur stumm ihren Mund bewegte, dachte er, sie wäre genauso betrunken wie alle anderen.

Er ging hin zu ihr und sagte sinngemäß: „Was fällt dir denn ein, hier ganz allein in betrunkenen Zustand in das Heiligtum einzudringen und dann noch an den Altar zu treten?". Da brach es aus ihr heraus. Sie hat ihm ihr ganzes Leid geklagt und ihm ihre Schande offenbart. Da sagte Eli zu ihr: „Fürchte dich nicht! Nächstes Jahr, wenn ihr wiederkommt zum Opferfest, dann wirst du einen Sohn haben".

Wie das in der Bibel so ist: Genauso trat es auch ein! Hanna hatte vor lauter Freude über dieses Wunder gelobt: „Wenn dieser Sohn geboren wird, dann soll er Gott gehören". Als die Familie im nächsten Jahr zum Fest kam, ging es ihr wegen der gerade erfolgten Geburt noch nicht so gut, dass sie mitfahren konnte. Sie blieb also mit ihrem Sohn Samuel zu Haus.

Erst im nächsten Jahr fuhr sie wieder mit. Sie ging zu Eli, dem Priester, und sagte ihm: „Dies ist das Kind, das du mir angekündigt hast. Ich will jetzt mein Gelübde einlösen: Dieser Junge soll Gott gehören! Nehmt ihr ihn, zieht ihn auf und weiht ihn für den Dienst am Heiligtum“. Samuel wurde später der Prophet, der David zum König gesalbt hat. Aber das tut in diesem Zusammenhang nichts zur Sache. Was uns interessiert, das ist der Lobgesang, den Hanna angestimmt hat, als sie das Kind in den Tempel brachte.

> *Hanna betete: »Mein Herz jubelt über den Herrn, er hat mich wieder aufgerichtet und mich gestärkt! Jetzt kann ich über meine Feinde lachen. Ich bin voller Freude, weil er mir geholfen hat. Der Herr allein ist heilig; es gibt keinen Gott außer ihm. Auf nichts ist so felsenfest Verlass wie auf ihn, unseren Gott.*
>
> *Der Herr tötet und macht lebendig, er verbannt in die Totenwelt und er ruft aus dem Tod ins Leben zurück. Er macht arm und er macht reich, er bringt die einen zu Fall und andere erhöht er. Die Armen holt er aus der Not, die Hilflosen heraus aus ihrem Elend; er lässt sie aufsteigen in den Kreis der Angesehenen und gibt ihnen einen Ehrenplatz.*

Lange bevor Jesus geboren wurde, hat diese Frau ihren Glauben zum Ausdruck gebracht. Es ist derselbe Glaube, den Jesus hatte; den er durchgehalten hat bis zu seinem Tod am Kreuz. Er hat nicht daran geglaubt, dass die Welt vor die Hunde geht, obwohl die Politiker zu seiner Zeit nicht viel besser waren als zu unserer; obwohl es überall in der Welt Krieg gab und Gewalt und Ungerechtigkeit. Er hat nicht daran geglaubt, dass Gott uns fallen lässt. Vielmehr hat er unverdrossen den Menschen von der neuen Welt erzählt – von der Welt, die nach Gottes Willen anders, neu gestaltet wird. Dafür musste er sterben.

Das war aufrührerisch, das war Rebellion gegen die bestehende Ordnung. Und so etwas wird zu allen Zeiten streng bestraft – damals mit dem Tod am Kreuz. Aber Jesus hat diesen Tod auf sich genommen, weil er wusste, was auch Hanna gewusst hat: „Ob ich lebe oder sterbe, hier in dieser Zeit und in der Ewigkeit, werde ich geborgen bleiben. Wenn ich das, was ich tue, aus Liebe heraus tue, dann kann mir auf Dauer nichts schaden. Dann kann mich auch der Tod nicht mehr schrecken. Der Glaube trägt mich durch den Tod hindurch bis in das Haus unseres Vaters, in der Ewigkeit".

Ostern war der Anfang, liebe Gemeinde – kein Ende. Am Ostersonntag sind Menschen dem Auferstandenen begegnet. Ich persönlich glaube ja nicht, dass Jesus einfach so aus der verschlossenen Grabkammer herausspaziert ist und dann wieder genauso gelebt hat wie vorher. Die Bibel sagt da etwas anderes: Die Menschen, die ihn gesehen haben, die haben ihn zuerst gar nicht erkannt. Aber alle, die ihn gesehen haben, die haben gespürt, dass das, wofür Jesus gelebt hat, am Kreuz nicht gestorben ist; dass das, was er den Menschen sagen wollte, was er ihnen an Liebe erwiesen hat, nicht sterben kann – nicht in der Ewigkeit.

Zeugen für seine Auferstehung können auch wir sein, wenn wir spüren, dass in unserem Leben dieses Ereignis stattfindet. Da merken wir, dass wir ganz neue Kraft bekommen, wenn der Karren so richtig im Dreck steckt. Ich kriege neuen Mut, kann wieder glauben: Das ist Ostern. Das kann uns jeden Tag neu begegnen.

Der Herr tötet und macht lebendig. Leben und Tod liegen in Seiner Hand – nicht in unserer. Nicht wir haben zu bestimmen, wie lang ein menschliches Leben dauert. Darum muss Anfang und Ende des Lebens in Seiner Hand liegen. Hanna hatte sich über das neugeborene Kind gefreut. Aber sie hat es weggegeben, weil sie wusste: Bei Gott ist es in guter Hand. Das können auch wir tun - mit unseren Verstorbenen. In diesem Glauben können wir leben und glücklich werden. Wir können sterben und trotzdem ewig leben, weil es Ostern geworden ist. Amen.

Fürbitten

Allmächtiger Gott,
Du tötest und machst lebendig;
Du macht arm und Du machst reich.
Wir danken Dir, dass Du uns so reich beschenkt hast
mit der lebendigen Hoffnung,
dass am Ende nicht der Tod das Sagen hat,
sondern das Leben.

Dein Sohn ist gestorben für eine andere,
eine bessere Welt:
Für Deine Welt, das Reich Gottes
Seine Hoffnung ist nicht mit ihm begraben worden.
Sie lebt weiter, wo Menschen sich als Teil
seines auferstandenen Leibes empfinden
und der Botschaft glauben, die Du uns durch ihn überbracht hast.

Wir bitten Dich:
Schenke uns den österlichen Glauben,
auf den Deine Kirche erbaut worden ist.
Lass uns aus diesem Glauben heraus tun,
was dem Nächsten dient
und so das Werk fortführen,
das Jesus angefangen hat.

Weil wir glauben,
dass Du die Welt in Deinen Händen hältst,
beten wir, wie wir es von Jesus gelernt haben:...

Die Bibeltexte sind, soweit nicht anders gekennzeichnet, der Einheitsübersetzung entnommen. Die Predigten aus dem Jahr 1988 habe ich in der alten Rechtschreibung belassen.

MIX
Papier aus verantwortungsvollen Quellen
Paper from responsible sources
FSC® C105338

Printed by Books on Demand GmbH, Norderstedt / Germany